Prefácio

Baseado na nossa história,nos dias de luta,dias de glória...

Ha alguns anos atrás,no início da nossa jornada ,desde o

diagnóstico que nosso filho é autista,nunca imaginei que ele

nos levaria tão longe.

Descobri também, um pai carinhoso e esforçado,que moveu

montanhas e continuará movendo,um Super Pai pro Super

Kenzo.

Um livro sobre amor,aprendizado e persistência.

Isa Karakawa

Capítulo 1 (Apresentação)

Meu nome é Wilson Tadashi Karakawa,mas todos me conhecem por Will.

Estou aqui para contar uma história para vocês,uma história que fala de coragem ,mesmo nos momentos de medo e desespero,fala de sonhos e as dificuldades de alcançá-los mas principalmente narra o amor presente a cada segundo a cada suspiro dos personagens desta história .

E como eu sei?

Porque eu vi esta história acontecer, digamos bem de perto... Para que se possa entender terei que começar há alguns anos atrás .

Era o ano de 2003 depois de algum tempo na tentativa finalmente tivemos êxito na missão de gerar herdeiro,um bebê .

Durante alguns meses a felicidade era total mas depois de algumas dores minha esposa Isa notava que algo estava errado e procuramos o médico que confirmava nossos medos,nosso bebê não mais se desenvolvia no seu ventre.

Foi um processo doloroso e traumatizante.

Depois de alguns meses lá estávamos nós em outro médico para confirmar uma nova gravidez,então decidimos que nosso bebê iria nascer no Brasil onde teríamos a presença da médica de confiança de minha esposa.

Voltamos para o Brasil faltando alguns meses para o nascimento

de nosso bebê que já sabíamos que seria um menino e a Isa já tinha escolhido o nome : Kenzo.
Depois de várias consultas decidimos pelo parto cesaria,só restava escolhermos o hospital.
Visitamos todas as maternidades de Curitiba e optamos por uma.
A data já estava escolhida, 18 de dezembro.
Chegamos bem cedo no hospital e enquanto eu acertava os detalhes do internamento a Isa já estava sendo encaminhada para sala de operação.
O combinado era que eu iria participar do parto.
Mas mesmo no momento da recepção meu nervosismo era tanto que se transformou em uma diarréia que jamais tinha visto igual.
Imagina um cara correndo em um hospital vazio à procura de um banheiro...
Quando encontro,entro no mesmo todo escuro mas minha prioridade era outra e não procurar o interruptor de luz.
Mas o momento mais hilário ainda estava por vir...
Ao sentar no vaso, olhei para o lado e senti a falta de papel higiênico,tanto que resolvi trocar de cabine, o mais rápido possível e isso seria como estava no momento(com as calças abaixadas).
Depois de todo sufoco, voltei para a recepção e terminei todo o processo onde fui informado que eu deveria subir e me dirigir para sala de operação.Uma enfermeira me levou até uma sala onde eu trocaria de roupa e aguardaria ser chamado.
E lá estava eu me trocando quando volta a dor de barriga.
Pensei: Vou desistir! Porque, um pai desmaiar no parto do filho provavelmente seria algo corriqueiro,mas um pai se sujar todo seria algo inédito e eu não gostaria de ser lembrado por isso, já que toda a equipe médica era nossa conhecida.

Mas justo neste momento de indecisão, a porta se abre e surge a enfermeira pedindo que a seguisse,pois já era a hora.

Neste momento como um passe de mágica ou feitiçaria, toda aquela cólica se foi... Entro na sala onde todos já estavam em seus devidos lugares, os médicos e minha esposa querida deitada com aquela clássica cortininha que dividia seu corpo em parte inferior e superior. Imaginei que meu meu lugar era naquela cadeira ao lado dela para segurar sua mão na hora exata. Sentado ali ,nem aqueles fios ligados e nem aquele monitor cardíaco com aquele barulho me assustava. Então que de trás daquela cortina surge uma voz : Will se prepara que chegou a hora,vem pra cá!Era a obstreta chamando. Levantei meio que não acreditando no que ouvia,mas fui... Acho que vi uma das cenas mais impactantes da minha vida.A doutora tirando meu filho,ele metade dentro e metade fora e falando: "Pode fotografar Will!!" E assim o fiz ,e logo em seguida cortei o cordão umbilical. E este foi o primeiro encontro que tive com este que se tornaria meu grande ídolo,meu filho querido.

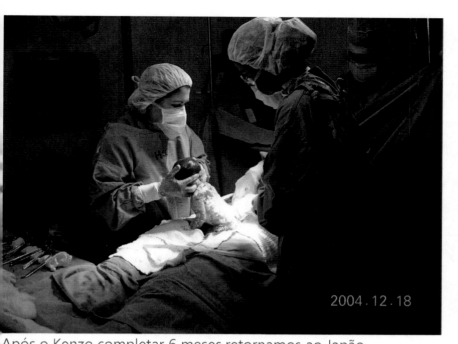

2004.12.18

Após o Kenzo completar 6 meses,retornamos ao Japão.
Apesar de todas as dificuldades, resolvemos que só eu
trabalharia para que a Isa pudesse dar o máximo de atenção
para nosso filho, até pelo menos ele completar 1 ano de idade.
Mas entre os noves e dez meses o Kenzo aprendeu a andar e ao
mesmo tempo a correr,e assim ele o fazia.
Corria sem direção ou melhor corria sempre na direção das
placas que diziam¨Proibida a entrada.¨
Quando completou 1 ano mais ou menos, resolvemos
matriculá-lo em uma creche ,mas após alguns meses fomos
surpreendidos com a ligação da diretora da escola ,falando que
eles não tinham condição de manter o Kenzo na creche porque
infelizmente eles não conseguiam acompanhar o ritmo dele.
Então no mesmo dia ligamos a empresa que minha esposa
trabalhava pedindo o desligamento dela para que pudesse

5

cuidar do Kenzo.

E assim passou-se mais 1 ano de muita correria e aos poucos percebíamos a diferença do Kenzo em relação a outras crianças.

Era óbvio que toda aquela correria e agitação não era normal, e também a falta de vocabulário nos incomodava também.

Após algumas consultas com alguns profissionais, foi nos passado que não só nosso filho mas eu também era hiperativo.

Tudo bem, poderíamos lidar com isso!

Capítulo 2 (O diagnóstico)

2005.10.21

Mas por uma coincidência, uma australiana que era a namorada de um amigo, trabalhava em Tókio com crianças especiais e estava na nossa cidade, se propôs a dar uma olhadinha no Kenzo.
Ela resolveu vir até nossa casa para poder ver o Kenzo em seu habitat sem interferências externas.
Após uma tarde toda apenas observando ,na hora de se despedir ela nos deu o seu diagnostico e por mais que ela tentasse nos tranqüilizar, aquelas palavras soaram como um tiro de canhão.
-Posso estar errada mas eu acredito que seu filho seja autista,sendo assim aconselho vocês a procurarem especialistas.
Pera aí...autista?? De jeito nenhum!
Na minha concepção ,Autistas são pessoas que ficam isoladas e até batendo a cabeça na parede!
Não pode!!!

Porque?

Isso está errado!

Porque conosco?

Eu dei minha última chance de Deus provar sua existência mostrando que meu filho não tinha nenhum problema...(assim eu pensei) Mal sabia eu,que ali era o momento em que Deus tirou a pedra e me chamava, assim como Jesus fez com Lázaro. Ali era Deus quem realmente tinha me dado sua última chance,e ali começava uma estrada que me levaria a conhecer Deus em minha vida.

Após o choque, percebemos que não sabíamos nada a respeito do autismo,além do que tínhamos visto em filmes como Rain Man.

Pesquisamos,lemos,nos informamos e infelizmente vimos que muitos sintomas realmente estavam presentes em nosso garotinho.

Mas até então ainda não tínhamos um diagnóstico fechado, como se dizem.

Nos mudamos para a cidade de Toyohashi ,em Aichi-ken,que por ter muitos brasileiros ,contava com tradutores nos hospitais e até médicos que falavam nosso idioma.

Depois de vários testes e exames, aí sim veio o tal de diagnóstico fechado.

Agora não havia mais dúvidas, a não ser as nossas, sobre o nosso futuro. Foi uma fase muito difícil e até meio dolorosa de ser lembrada.

Tempos em que estávamos praticamente exilados em nossa própria residência ,e principalmente em nossa ignorância.

Não conseguíamos fazer coisas simples e até básicas em família,como ir ao mercado ou ter um lazer qualquer,inclusive em restaurante ficamos anos sem freqüentar.

O Kenzo ainda não conseguia parar quieto,e também não

conseguia nos entender ou mesmo se fazer entender.Aos olhos de estranhos, era apenas um garotinho mimado e mal-criado e isso fazia com que tivéssemos vergonha de passar por algumas situações.Foram anos de stress, que de alguma forma foram resultando em um pouco de falta de auto-estima e eu até diria amor-próprio.

Eu e minha linda esposa se juntássemos os quilinhos adquiridos nesta época , facilmente passaria de 50kgs.

Logo após o diagnóstico a própria prefeitura nos indicou uma escola que só tinha alunos especiais,e que dificilmente conseguiríamos vaga.

Mas mesmo assim,resolvemos ir até lá e tentar.

Chegando na escola indicada, fomos recebidos no portão por uma senhora simpática e comunicativa,meio diferente do modo japonês de ser.

Nos convidou a entrar e se apresentou sendo a diretora da

escola,em seguida perguntou de que país éramos . Assim que falei que éramos brasileiros, ela logo falou que já havia ido passear no Brasil e que tinha adorado.

De imediato como mágica (que é constante em minha vida assim como no episódio do nascimento do Kenzo)criou-se uma empatia e ela se propôs a nos ajudar,falou que ainda tinha uma única vaga e que faria de tudo para ser do Kenzo.

Depois de algumas semanas,já estávamos lá para começar esta nova etapa.

É uma escola exclusiva para crianças especiais . Funcionava mais ou menos assim: eram 3 turmas no total de mais ou menos 30 alunos na escola.

E cada classe contava com 3 professores.

Ali, tivemos na prática o primeiro contato com métodos de ensino específicos para autistas (Aba,Teacch,Pecs.)

Nesta escola foram 3 anos muito produtivos e didático tanto para o Kenzo quanto para nós, pais.tivemos várias lições,aprendemos que mesmo sendo difícil a interação social é fundamental,ainda mais para nós que passamos uma fase digamos,de isolamento voluntário.

Para nós, era muito mais fácil e cômodo ficarmos em casa,do que irmos a um restaurante ou uma festinha de aniversário ,onde a única certeza era que o Kenzo iria ficar super agitado,e em seguida viriam aqueles olhares que conhecíamos bem,inclusive,houve uma vez em que fomos em uma churrascaria e em um segundo de descuido, lá estava o Kenzo correndo e pulando sobre as mesas e cadeiras.

Lembro da vergonha que sentimos quando o garçom soltou esse comentário:

¨Nossa eu já vi criança arteira, mas correr em cima das mesas foi o primeiro¨!

Sabe o avestruz que enfia a cabeça em um buraco?Então... essa era a minha vontade no momento. Por essa e outras, que aos poucos fomos recusando convites de festas, de encontros e passeios.

Mas nesta escola era obrigatório este tipo de interação social,pois sempre tinha passeios a zoológicos, parques,etc.

Ali,notamos também que eles trabalhavam a agitação e falta de paciência do Kenzo de uma forma bem diferente da nossa.

O Kenzo sempre era deixado por último nas atividades, para que ele pudesse exercitar a paciência e respeitasse a ordem e esperasse sua vez na fila.

Foi nesta época também que Kenzo falou sua primeira palavra,aos 4 anos de idade.

Era um fim de semana comum e estávamos indo de carro da cidade onde moramos para a cidade vizinha,passear e fazer compras.

Lembro-me que estava parado em um semáforo quando escuto uma vozinha ,vindo do banco traseiro do carro:

- ¨Chuva!¨(como se um anjo falasse)

Olhei para trás com meus olhos já cheios de lágrimas e o vejo apontado pela janela do carro.

Minha resposta foi um simples e calmo:

Sim filho,está chovendo...

Foi um momento que não esquecerei jamais,e todas as vezes que passo neste mesmo local,neste mesmo semáforo esta emoção toma conta de mim.

Finalmente a fase do silêncio havia acabado e aos poucos fomos tendo respostas simples como: Oque você quer? Está com sede?

Quer ir fazer xixi ?Onde está doendo?

Continuava sendo um garoto agitado,mas agora,aos poucos foi falando o que o incomodava e o que desejava,palavras soltas mas recebidas com uma alegria que dificilmente alguém poderia explicar,mistura de vários sentimentos entre eles :alegria,alívio e principalmente esperança.

Capítulo 3 (jiu-jitsu)

Fui apresentado ao jiu-jítsu (arte-suave),um pouco antes do Kenzo nascer.

Meu primo Ricardo, era faixa azul e sempre insistia para eu conhecer o jiu-jitsu ,até que um dia ,ele levou um kimono lá em casa e começou a me ensinar os golpes básicos.

Como morávamos no Brasil em uma casa grande e quase sem móveis, treinávamos na sala da minha casa.

Logo após comecei a treinar em uma academia próxima a minha casa, Lá comecei a ter aulas com o Matheus que era faixa marrom. Matheus era universitário e a noite dava aulas de jiu-jítsu. Ali treinei durante 9 meses até resolvermos voltar ao Japão. Chegando no Japão por causa da correria do trabalho e também por morarmos em uma cidade que não tinha nenhuma academia perto ,fiquei 4 anos parado sem treinar. Até que já morando em Toyohashi, conheci a Raça-jiu-jitsu,onde eu voltei a treinar.na época, o professor da Raça era o Marcelo ,que todos conheciam por Montanha.

E ali fui treinando,e com o passar de alguns meses o Montanha regressou ao Brasil e quem assumiu o posto de professor ,ou melhor,professores, foram o Marcos (Moko) e Leandro (Deus). E assim continuamos por mais alguns anos eu treinando e de vez em quando, o Kenzo me acompanhava nos treinos,mas nada sério,na verdade acho que ele nunca passou do aquecimento sem perder o foco e ir brincar com os troféus ou outra coisa.

Mas desde pequeno ele já tinha seu kimono .

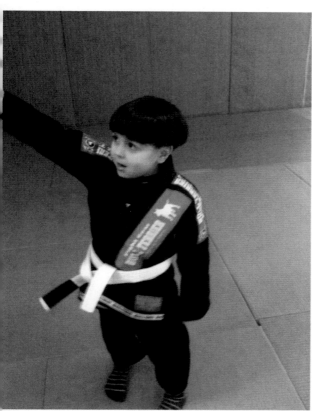

Lembro que certo dia, antes do treino o professor Moko me chamou no canto e falou que precisava conversar comigo. Fomos para um lugar reservado onde ele pudesse falar. Ele disse que estava retornando ao Brasil e que o professor Deus , iria voltar para o Brasil em seguida e que talvez a Raça iria fechar,e me perguntou o que eu achava de assumir a academia,a princípio eu o questionei :Porque não os outros mais graduados?

Na época eu já estava a 2 anos na faixa azul.

Então ele falou que os outros graduados também estavam com planos de retornar ao Brasil em breve,e que eu era um dos poucos que não tinha o desejo de retornar ao Brasil.

Realmente pra mim e para minha família aqui estava muito bom e não tínhamos planos de retornar ao Brasil pelo menos para morar.

Nesta época estávamos em uma fase bem tranqüila financeiramente,eu trabalhava em um estaleiro 12 horas por dia e Isa trabalhava por conta em casa fazendo peças para uma fábrica perto de casa.

Não guardávamos dinheiro, porque estávamos sempre viajando a passeio com a família.

Mas como dizia:
Não havia ninguém para assumir a academia.

Então falei que se não tivesse jeito eu assumiria porque não queria que eu e meus companheiros de treino parassem, com o jiu-jítsu.

Ao mesmo tempo lembrei que o Kendy que era faixa preta mas que era de outra equipe e estava sem treinar tinha o desejo de abrir uma academia.

Falei com Moko e sugeri a ele conversar com Kendy, e assim ele fez.

Foi então que o Kendy me procurou e falou se eu poderia ajudá-lo,pois ele não conhecia o pessoal e tal.

Era fevereiro de 2013 quando teve o UFC Japan e o Wanderlei Silva iria lutar.

Como sempre fui fã dele achei que deveria ir ,pois eu acreditava que aquela poderia ser a última luta da sua carreira,sendo assim, resolvi ir até Saitama assistir ao vivo.

Juntamos 5 amigos e fomos.

Acho que foi a primeira vez que dormi longe do Kenzo.

E ele ficou muito curioso porque eu tinha viajado, e ele e a Isa ,não.

Então, a Isa explicou que eu tinha ido para Saitama assistir as lutas,mas ele entendeu que eu tinha ido lutar.

Por isso ficou grudado na tv esperando para ver minha luta.

Quando eu voltei eu expliquei que o papai tinha ido apenas assistir e que eu lutava jiu-jítsu e não MMA.

Então ele falou: "Papai o Kenzo quer lutar jiu-jítsu!"

Pensei que era mais uma das manias dele e que ele não iria levar muito a sério.

Mas levei ele comigo no dia seguinte.

Lá treinou direitinho, tanto que fiquei até surpreso.

Mas eu notei que era meio difícil e até perigoso deixar crianças e adultos treinarem juntos.

Em uma conversa com Kendy falei o que eu achava sobre isso e sugeri abrir um horário exclusivo para crianças,a resposta dele foi: ¨Se você der aula sem problemas,porque eu não tenho disponibilidade para este horário ¨.
Aceitei o desafio,mesmo ciente que teria que abrir mão de muitas coisas.
Mas acho que não tinha noção do que realmente aconteceria nas nossas vidas.
Sendo assim, dei meu primeiro passo como instrutor...2 alunos e um instrutor tentando disfarçar o nervosismo para não falar

,medo!

Assim foi a primeira aula .

Com o passar do tempo meus alunos foram aumentando ,e o Kenzo ali, sem desistir.

Nesta época fomos ao primeiro campeonato, e eu fui o responsável pelos competidores, eram 4 garotos que já treinavam junto com os adultos,então tecnicamente não eram meus alunos.

Mas fiz questão de acompanhá-los,na verdade fui o único membro da parte técnica da nossa equipe a ir.

Era a primeira vez em que eu iria ficar de corner em uma luta,e confesso que quase não falei nada,eu estava totalmente deslocado naquela função.

Mas foi ali, naquele dia que o Kenzo pegou gosto por campeonato,mesmo sem competir ficou junto comigo todo momento e no final do campeonato fomos falar com o Adinaldo,o organizador do campeonato, onde apresentei o Kenzo e falei que ele estava começando no jiu-jitsu e que, neste campeonato ele ainda não participou, mas que no próximo ele iria competir.

O Adinaldo, por ter uma filha especial se comoveu com o Kenzo e me surpreendeu com:

-"Kenzo você já é um campeão!(e deu uma medalha daquele campeonato para o Kenzo)

E a partir de hoje o Kenzo não pagará para competir nos meus campeonatos, será patrocinado da Adi Suplementos."

E essa foi a primeira medalha que o Kenzo ganhou na vida.

E na volta para casa, foi uma festa só com esta medalha,em todo semáforo em que parávamos ele mostrava a medalha para as pessoas nos carros ao lado.

Uns olhavam sem entender ou faziam de conta que não viam,outros o parabenizavam, e os outros meninos que estavam no carro conosco se divertiram com a situação.

Capítulo 4 (Campeonatos)

Nossa rotina de treino seguia firme,e aos poucos minha turma de alunos ia crescendo.
Nesta época começou conosco o Minoru,um garoto de 11 anos peruano,gordinho,tímido e quieto.
E depois de alguns meses lá fomos nós para mais um campeonato,neste agora onde o Kenzo e o Minoro iriam estrear lutando .
Rumamos para cidade de Kani ,na província de Gifu.
Por não ter adversário em sua categoria,o Kenzo fez uma luta casada com o Gustavo, um garoto de apenas 9 anos mas com uma experiência enorme.Praticamente aprendeu a andar dentro de uma academia já que era filho de um professor de jiu-jítsu.
Na minha opinião,Gustavo é um dos mais talentosos atletas infantil de jiu-jítsu do Japão.
E mesmo assim Kenzo encarou a peleja,menos de 1 minuto, foi o tempo que durou a luta,finalizada por um arm-lock do Gustavo.
O Kenzo havia perdido sua primeira luta em competição, e o Minoru teve o mesmo começo em sua carreira.

Continuamos treinando, e aos poucos comecei a ficar mais confortável apesar de achar que os outros professores da equipe pudessem me ajudar um pouco,mas talvez fosse uma maneira deles demonstrarem que confiavam em mim, era deixando por minha conta.

Eu,apesar de acreditar que ganhar não seja a coisa mais importante, a participação em campeonatos é fundamental para evolução, tanto técnica quanto do psicológico do atleta.

Sendo assim, também assumi este posto na equipe(registrar e acompanhar os atletas em competições).

E tivemos a primeira competição em que teria lutas tanto para adulto quanto para crianças.

Apesar de eu pedir foram apenas alguns adultos e de crianças apenas o Kenzo.

Mas pra mim foi incrível,ter a oportunidade de participar do mesmo evento que meu filho pela primeira vez.

Kenzo foi o primeiro a lutar.

E eu acho de eu tanto falar pra ele nos treinos que se por acaso algum golpe começasse a doer era para ele dar os famosos 3 tapinhas (tinha muito medo dele se machucar).

que em sua luta logo no inicio, o oponente tentou um estrangulamento meio estranho e com certeza não estava apertando tanto,mas ele bateu e perdeu a luta.

Eu também não comecei bem, perdi a primeira luta por pontos, peguei um oponente fortíssimo.

Mas tive a chance de lutar o absoluto onde finalizei duas lutas e fui campeão da categoria faixa roxa master.

Deste dia, minha melhor recordação é :

Eu e meu filho juntos com nossas medalhas,um mais orgulhoso do outro.

E assim o tempo foi correndo entre treinos e contas para pagar...

Nesta época a crise econômica mundial chegou em minha trabalho, tardia, diga-se de passagem.

Houve cortes de salários e por precisar dar aula, eu já não fazia mais horas extras.

Meu salário praticamente ficou metade do que eu ganhava antes.

Mas ainda restavam as contas como carro,aluguel,seguro e tudo mais.

Travei uma longa batalha com minhas dividas onde um mês eu pegava um vale na firma no outro mês fazia saques no cartão de crédito para poder manter as contas em dia.

Posso dizer que estava em um estado de estresse como nunca havia estado.

Mas eu não poderia imaginar eu parando com o jiu-jítsu.

Neste momento era justamente no tatame, que eu esquecia de todos os problemas.

Era lá que eu via meu filho pela primeira vez se relacionar com outras crianças e ser respeitado e querido por todas elas.

Não eram poucas as noites em que eu passava acordado pensando em tudo que acontecia.

Em uma destas noites,comecei a pensar em como o jiu-jítsu estava sendo bom para meu filho de um modo geral, como o jiu-jítsu batia de frente com as dificuldades do autista,como relacionamentos, toque,fala e etc. E nesta noite como em um estalo nascia o "autismo+ jiu-jitsu=potencial".E eu realmente acreditava e ainda acredito que o potencial é altíssimo, tanto para o jiu-jítsu a ajudar nas dificuldades dos autistas,como os autistas que com suas características pudessem se sobressair.

Minha primeira idéia foi: eu tenho obrigação de passar esta informação para os pais destas crianças,pois eu mesmo sei a sensação que é a falta de informação e a falta de esperança que isso causa .

Nesta mesma noite fiz um esboço do logo e mandei para o Alan, um amigo que trabalhava com estamparia.

Mandei a peça de quebra cabeça (símbolo do autismo)com as escritas dentro e o Alan me aconselhou a colocar de fundo os deogramas japonêses de jiu-jítsu.

E assim ficou pronto a nossa logomarca.

Autismo + Jiu-jitsu = Potencial

A princípio, por falta de dinheiro, pedi para o Alan fazer apenas 5 patchs.

Não tenho certeza mas acho que a primeira pessoa a receber o nosso patch depois de mim e do Kenzo foi o Seringueiro,por ser um cara que eu admirava muito e por ser um competidor assíduo,as chances das pessoas virem o patch eram grandes.

Nunca esqueço a sensação daquele dia ,aquele domingo...

Acordei cedo para irmos para Suzuka onde iria ter um campeonato de crianças, eu estava animado com aquele campeonato por ter 5 alunos meu lutando,mas quando abri o facebook algo me emocionou.

O Seringueiro estava nos Estados Unidos para competir o mundial e tinha em seu kimono o nosso patch.

Fui muito feliz para o campeonato.

Então começaram as lutas e o Kenzo foi lutar, era a primeira vez que iríamos usar o Super!

Super?

Explicando: em nossos treinos eu acho fundamental usar um linguajar que as crianças e também os alunos adultos assimilem mais fácil.

Na tentativa de passar meu pensamento, de que o atleta que entra confiante no seu treinamento e na sua capacidade rendem mais e se tornam mais forte que o oponente,disse que queria que eles entrassem para lutar igual o Mario Bros ,que quando pega o cogumelo,vira o Super-Mario ,tornando-se invencível ,e assim queria vê-los lutando.
Então instantes antes da luta usamos o Liga o Super!
Enquanto eu segurava levemente o rosto do Kenzo para que ele me olhasse nos olhos repetia: Liga o super, Kenzo!
Ele me respondia com um¨ ahh!¨
Até que ficou um grito liga o super Kenzo! Ele me respondeu quase em transe
com um rugido que vinha de dentro e realmente se tornou o interruptor para ligar o Super Kenzo que há dentro dele.
Resultado: foi a sua primeira vitória .
Algo sem explicação,a emoção era visível e contagiante.

Alguns aplaudiam enquanto alguns me acompanhavam no choro.
Neste mesmo dia, distribui entre os professores alguns patchs e confesso que fiquei surpreso com a aceitação da minha idéia.
Realmente foi um domingo inesquecível.

E eu tenho total convicção que aquele dia mudou o resto da nossa história,aquele dia me fez ter certeza que apesar das dificuldades eu teria que seguir com as aulas e com a campanha para tornar conhecido os benefícios do jiu-jítsu para portadores de autismo...custe o que custasse!

Capítulo 5 (O bum!)

Aos poucos e graças às redes sociais, a campanha foi tornando-se conhecida pelos meus contatos em seguida pelos contatos dos meus contatos.

Até que chegou um dia em que estavam procurando uma história bacana para contar em um programa da tv a cabo da comunidade brasileira no Japão.

Então nos indicaram e no mesmo dia recebi um telefonema do Jhony ,apresentador do programa que me fez umas perguntas e falou que gostaria de filmar conosco.

Na mesma semana foi um pessoal na nossa academia filmar um pouco do nosso treino e conversar conosco.

Era a primeira vez que eu falava para tv,estava muito nervoso,mas até que correu tudo bem...

Depois perguntei a data em que iria para o ar a matéria,me falaram que seria um especial para dia das crianças.

No dia que iria passar o programa,fomos para casa dos vizinhos porque nós não tínhamos a assinatura deste canal em casa.

E todos apertados na sala, à espera da matéria.

Eis que começa,e com um texto muito bom,me deixou emocionado e orgulhoso.

E aquela matéria,linda, diga-se de passagem,foi o bum da nossa campanha.

A partir dali, onde chegávamos éramos conhecidos,porque quem não tinha visto na tv viu depois nas redes sociais.

Começou uma grande procura de pessoas no meu facebook,comentários,conversas e não era apenas pessoas do Japão ,mas de várias partes do mundo.

Algumas até famosas.

E dentre estas pessoas que me procuraram no facebook, estava Rafael Magrão, professor da Extreme Bjj.

Falou que tinha visto a matéria e que na hora lembrou do Kenzo do último campeonato(aquele onde Kenzo, obteve sua primeira vitória) e viu a luta do Kenzo e que e que o final da luta,aquela emoção toda havia lhe marcado,falou também que em anos de jiu-jítsu e em campeonatos já havia visto várias comemorações,uns gritavam,outros pulavam e etc...mas aquela comemoração daquele garotinho, tinha sido diferente e profunda, e ele não sabia o porque!

Depois de ver a matéria começou a entender a razão e força daquele instante.

Disse também que se tornou nosso fã.

Para mim isso foi algo estranho.Alguém falar que era o meu fã ?

Conversamos muito e ele sempre interessado em usar o jiu-jítsu de uma forma social em sua academia também.

E nossa vida seguia e infelizmente o jiu-jítsu era apenas uma parte dela,nossas batalhas fora dos tatames continuavam duras e algumas horas,perdíamos de lavada,mas graças a Deus nunca demos os 3 tapinhas.

Mudamos de apartamento e conseqüentemente o Kenzo de escola.

Agora estudava na frente de casa,para chegar na escola bastava apenas atravessar a rua.

O trajeto até a escola foi a única coisa que se tornou mais fácil nesta mudança toda.

Estudava em uma escola regular,mas em uma turma especial,nesta escola nova o conceito de classe especial era diferente da anterior.

Na anterior, à classe especial era formada com crianças especiais, já nesta, simplesmente crianças que davam problemas na sala de aula normal eram colocadas nesta sala especial.

Então o Kenzo em contato com estas crianças absorveu muito o modo de agir de tais e começou a falar palavrão,aliás alguns até mesmo sem saber o que significava.

Passou uma fase de início de bullying,mas creio eu que o jiu-ítsu o salvou destes maus tratos,pelo menos os físicos,porque certo dia um garoto que sempre o maltratava teve uma surpresa,digamos que passou por um aperto.

O garoto veio o empurrar ou algo parecido,justamente um dia em que ele não estava muito sociável, e o Kenzo reagiu com um mata-leão (golpe onde imobiliza o adversário pelas costas e estrangula ao mesmo tempo) Nunca fui a favor de violência de forma alguma, mas confesso que fiquei orgulhoso da atitude do Kenzo,demonstrou auto-confiança e conquistou o respeito de todos os que um dia já o haviam maltratado.

Depois do ocorrido tive uma conversa com ele e tentei explicar pra ele que não é certo usar o jiu-jítsu para prejudicar as pessoas,mas que as vezes e em último caso se fosse preciso para se defender era para confiar na Arte-suave.

E outra maneira fácil e simples de falar para que ele entendesse era que o jiu-jítsu se praticava de kimono e sem kimono era proibido!

Aliás acho um dos pontos que me difere de outros professores de jiu-jítsu é a forma de falar ou nomear os golpes.

Penso que preciso que eles memorizem os golpes e as vezes com nomes técnicos fica meio difícil para uma criança associar.

Então ao modo que eu ia passando os golpes foram surgindo nomes inusitados que também serviu para usarmos em competições, sem que os adversários entendessem nossa comunicação e intenções.

Alguns ficaram famosos como:"Pega o doce"! sái de cocozão!e shinkansen.¨

Depois de alguns campeonatos e da tão desejada vitória, já estávamos mais à vontade,o Kenzo como competidor e eu como corner (pessoa que ajuda os atletas nas lutas instruindo ao decorrer da luta.)

No começo eu ainda não tinha confiança e ficava envergonhado de instruir meus alunos na luta.

Fomos para o Asian Open da Cbjje.
O Kenzo teve apenas uma luta e felizmente ganhou.
Acho que foi o primeiro título importante dele:Campeão
Asiático.
Agora estávamos embalados com as vitórias.

Voltamos a Suzuka para mais uma competição e lá pude rever o
Sensei Magrão,apesar de termos nos falado on-line até
então,parecia que o conhecia a muito tempo.

Ali surgiu uma amizade grande baseada no respeito mútuo. Naquele campeonato já estávamos conhecidos das pessoas por causa da matéria.Então várias pessoas vinham conversar comigo e pedir detalhes de como era o treinamento do Kenzo e se era possível usar o jiu-jítsu com qualquer criança com autismo.A resposta sempre foi a mesma:

Não sou formado em nada,meus métodos se baseiam em experiências tanto em casa quanto na escola que meu filho freqüentou,sempre li tudo a respeito de autismo que vejo na internet e procuro tentar usar isso nos nossos treinos.

Então é uma grande mistura destes métodos consagrados de intervenção a autistas até Super Nanny. (Personagem que ajuda famílias brasileiras na disciplina com os filhos)

Mas o maior tempero desta mistura é o amor.

Minha maior preocupação e desejo é que a criança possa confraternizar,interagir com o grupo.

E o Kenzo , para mim foi surpresa ele gostar tanto de competir,nunca havia planejado isso,mas se ele gosta eu o apoio, como sempre apoiei tudo que ele se interessou a fazer.

Mas voltando ao campeonato,desta vez por ter poucos inscritos ele entrou em uma chave de garotos faixa amarela. (ele é branca ainda).

Lutou a primeira luta com um garoto forte e infelizmente perdeu, saiu chorando...

Sua segunda luta entrou bem e conseguiu reverter a derrota da primeira luta e ganhou por finalização.

Agora estava na final com o garoto da primeira luta.

Ainda meio assustado por ter perdido a primeira,entrou embalado pela vitória da segunda luta, mas levou uma chave de braço,que infelizmente o juiz demorou um pouco para perceber e parar a luta,seu braço ate estralou,mas foi apenas o susto.

Capítulo 6 (A primeira faixa)

Para fechar o ano de 2013 organizei a graduação da turma infantil,fiz questão de fazer separado da turma de adultos,porque sim, era uma graduação especial,e alguns dos meus alunos iriam trocar pela primeira vez de faixa. Para mim foi um momento de muito orgulho,a minha turma havia crescido bastante e de 2 alunos já havia passado de 10. Ao começar a cerimônia coloquei um vídeo com momentos de todos os alunos e com uma mensagem que falava em acreditar no próprio potencial e correr atrás dos sonhos. Para mim também era algo diferente porque era também a primeira vez que eu iria dar uma faixa a uma pessoa. E não poderia ser diferente,não faria sentido se não fosse o Kenzo esta pessoa a receber a primeira faixa de minhas mãos. Expliquei que jamais tratei ninguém diferente em meus treinos,mas que seria um sonho realizado eu poder dar a minha primeira faixa a meu filho,um"carinha" que tem se tornado meu ídolo e herói.

Também graduei mais 2 alunos com faixas novas e os outros com graus.

Havia pedido que todos os alunos trouxessem as medalhas que eles ganharam durante o ano,onde por fim pude fazer um desabafo.

Com aquele monte de medalhas nas mãos pude falar que para mim nem medalhas e nem troféus, poderiam ser a forma de medir a capacidade tanto do professor de ensinar quanto do aluno de aprender,mas para muitos sim! Para muitos os resultados só são medidos com medalhas,então para todos aqueles que um dia duvidaram da minha capacidade,aqueles que soltaram comentários e críticas,essa era minha resposta e

lembro que, meu comentário final acabou com a seguinte frase:
Alguns duvidaram e chegaram a me menosprezar e vocês meus
alunos queridos,vocês provaram que eles estavam errados.Não
que eu tivesse que provar que nada para essas pessoas,mas eu
queria muito provar para mim mesmo!
Vocês conseguiram!
Eles vão ter que nos engolir!!

Em 2013 tínhamos participado de vários campeonatos.
O último do ano seria o Bullterier e lá estávamos nós.

O primeiro como graduado (faixa cinza-branca)

Na hora da luta,o kenzo já aguardando para entrar, vê o oponente e o seu professor e solta um sonoro.

"Satooshii!!"

Sim, era um aluno do Roberto Satoshi,ídolo do Kenzo.

Ficou deslumbrado por estar tão perto do seu ídolo que não entrou concentrado como das últimas vezes ,foi uma luta boa e dura que foi decidida por uma passagem de guarda e o Kenzo perdeu.

Ele já estava se sentindo pressionado por ter sempre a torcida ao seu lado, por entrar sempre com palmas e pessoas gritando seu nome que ele queria retribuir ganhando.

E a derrota era sempre um balde d água fria.na maioria das vezes em que perdia, se frustrava muito e caia no choro,o que para mim era doloroso ver e me questionava muito,se o jiu-jítsu de competição estava sendo mesmo uma boa para ele.

Mas a resposta sempre vinha dele mesmo,quando falava :Deixa quieto filho, vamos parar um pouco de ir em campeonatos...

Ele logo falava:"Não,eu quero ir!!"

Aproveitamos o feriado de fim de ano para visitar a Extreme bjj do professor Magrão,juntaram se a nós o pessoal da Friends e junto com a molecada fizemos um treino animado e divertido,a cada dia que passa meus laços de amizade com outros professores vão se fortificando assim como vou aprendendo com seus exemplos.

Em 2014 começou e minha maior resolução para o ano novo,que seria:
Este ano vou seguir em direção ao que eu acredito,vou atrás dos meus objetivos e quem não tiver os mesmos objetivos ou a

mesma vontade de caminhar,me desculpe mas ficará para trás .
Na verdade esta resolução era específica ao jiu-jítsu,porque eu estava um pouco descontente com algumas coisas,mas não me achava no direito de impor mudanças.

Também havia traçado uma meta que era levar o Kenzo no máximo de competições possíveis.

Começamos em fevereiro com o Dumau Kansai em Osaka.

Acordamos de madrugada,e minha esposa não acordou muito bem,e resolveu não ir.

Então partimos eu e meu companheiro.

Eu estava meio preocupado se a pista não estaria congelada,pois na semana anterior tivemos que desistir de ir para Tókio por causa de uma nevasca.

Pegamos a estrada cedo e depois de uns 150 km estávamos atravessando a parte do trajeto que mais me preocupava por ser uma região montanhosa,e apesar de ter um pouco de neve nas laterais, a pista estava normal e chegamos ao destino sem problemas.

Uma outra grande novidade era que agora tínhamos recebido um voto de confiança de algumas pessoas, a marca de kimonos Samurai Style tornou nossa parceira e também a Dumau era nossa patrocinadora.

Uma doou um kimono e a outra nos deu cortesia nas inscrições de seus campeonatos.

Talvez para alguns seja pouco,mas para mim foi maravilhoso e nos ajudaria muito,porque já era uma verba que eu economizaria.

No campeonato de Osaka o Kenzo não tinha oponente em sua categoria e concordei em colocar ele na chave dos faixas amarela e também um peso superior.

Na primeira luta ele perdeu feio,a diferença de tamanho,força e técnica eram enorme.

Na segunda luta ele lutou um pouco melhor mas a diferença ainda era a maior rival.

Me senti muito mal neste dia,ao ver ele sair chorando e falando que não queria mais lutar com meninos grandes.

Aquilo me fez prometer pra mim mesmo que nunca mais iria colocar o Kenzo em uma categoria que não fosse a dele.

Não importava o que os outros pensassem,se estávamos com medo de lutar ou não.

Jurei pra mim mesmo que não iria me sentir assim novamente como se jogasse meu filho aos leões.

A Dumau kimonos faz um circuito de campeonatos e destes criou um ranking que vai pontuando conforme a classificação nas etapas.

Estávamos decididos que participaríamos o máximo que conseguíssemos,mesmo eu ciente da minha situação financeira ,eu ia empurrando com a barriga, um mês atrasava uma conta,na outra pegava um vale na empresa e assim fui mantendo em dia pelo menos sem cortar nenhum serviço em casa.

Eu sabia que o gasto que eu tinha com competições para o Kenzo era alto mas estava convencido que era a minha prioridade e extremamente necessária para a divulgação dos benefícios do jiu-jítsu para portadores de autismo, abracei esta missão e sei que precisei abrir mão de várias coisas para poder seguir com ela.

Não sei explicar mas senti que era a coisa mais importante que fiz em toda minha vida.

E o Kenzo era o protagonista desta campanha, para provar que autista pode até ser diferente,mas inferior nunca,por isso teríamos que ser e fazer mais que qualquer um.

Eu sabia que não ia ser uma missão fácil ,chegar ao final do ano como primeiro do ranking ,mas se fôssemos persistentes e também pacientes teríamos uma chance.

Depois de Osaka o segundo foi em Handa e nesse deu tudo certo e o Kenzo foi campeão.

Era final de fevereiro e eu já divulgava o dia Internacional da Consciência Autista, que é comemorada no dia 02 de abril,e em várias partes do mundo ha manifestações de apoio.

Resolvi que o jiu-jítsu também iria ter uma manifestação demonstrando apoio e lembrando a data.

A primeira parte da manifestação era pedir aos meus contatos do facebook que no dia 02 de abril todos usássemos o logotipo da Autismo+ Jiujitsu= Potencial, como foto de perfil.

Muita gente abraçou a idéia e mudou a foto.

E a segunda parte seria fazermos uma manifestação no dia 06 de abril, o domingo mais próximo da data que coincidentemente haveria o 4º
 Gifu Open, organizado pelo Adi suplementos.

Conversei com o Adi e pedi autorização para tal e ele aprovou de imediato.

Então, nossa meta seria que as pessoas usassem no dia a cor azul,que é a cor símbolo do autismo.

Também conversei co os professores da minha equipe que era importante para mim que nossa equipe comparecesse em peso.

A primeira resposta foi que o pessoal estava meio sem dinheiro e que ficava difícil e tal...

Então novamente pedi um apoio para Adi e ele me concedeu como cortesia o valor de 5 inscrições.

Voltei a falar com os professores e falei que era para eles escolherem 5 pessoas para lutar de graça.

Então ouvi que a maioria não estava preparada para competir que se fossem iriam apenas passar vergonha,e que eu estava errado em querer forçar o pessoal a competir .

Fiquei muito chateado com aquilo e pensei por eu não ser o líder da equipe era até falta de respeito da minha parte querer mostrar um caminho que eu achava certo.

Nunca quis impor nada a ninguém e nem nunca me senti no direito de tal.

Mas uma frase que ouvi foi fundamental na decisão que fui obrigado a tomar.

Quando questionei um dos professores que se os outros alunos não estavam prontos, pelo menos ele estava,porque realmente achava esse professor um fenômeno no jiu-jítsu.

A resposta foi:

   Se eu me inscrever vou com certeza cair na chave do fulano que eu perdi à um tempo atrás e eu não quero perder novamente,então eu não vou."

Isso me fez pensar muito e refletir no que eu realmente acreditava,em quem eu era e, principalmente, que tipo de valor eu gostaria de passar aos meus alunos.

Depois de pensar bastante e de me aconselhar com minha esposa, tomei a decisão de me afastar da equipe.

Já era véspera do campeonato e eu esperei até o último dia,meio que com a esperança de que alguém mudasse de idéia e resolvesse me apoiar e lutar neste ,que para mim era muito importante. Como vi que realmente era aquela a posição final,chamei o líder da equipe para conversar,fomos no meu carro onde pudemos falar em particular.

Ali eu falei o que eu sentia, e que achava melhor eu procurar um lugar separado para eu formar uma equipe onde eu fosse o líder,mas que gostaria de manter um vínculo com a equipe,talvez até continuar sendo uma espécie de filial, e falei que respeitava o modo de pensar deles e por respeitar, a melhor opção era eu me afastar.

E que eu estava ciente que se eu saísse agora sendo um faixa-roxa eu não conseguiria filiar minha equipe na federação japonesa e nem na internacional,mas que era o mais honesto da minha parte, sair agora antes de ser graduado marrom para não dizerem que me aproveitei de ninguém.

Falei que aquele era meu último campeonato pela equipe e que eu faria o máximo para ser campeão e sair honrosamente.

O professor me respondeu de forma positiva falando que me entendia e que tanto torcia por mim quanto me apoiaria no que eu precisasse.

Fiquei aliviado ,pois não queria magoar ninguém e gostava muito deste professor.

No dia do campeonato comprei várias bexigas azuis e na hora do início do campeonato pudemos tirar uma foto representando esse apoio ao dia internacional de consciência autista.

Consegui ser campeão e honrar minha promessa.E também pude mostrar minha tatuagem na hora em que o juiz levantou minha mão me declarando campeão.

O Kenzo ficou em segundo lugar,fez uma luta difícil ,mas linda e emocionante pela garra que demonstrou.
Outro grande momento do campeonato foi no pódio quando graduei o Kenzo como faixa-cinza.
Infelizmente nenhum outro professor da nossa equipe estava presente.
Então na segunda-feira mandei uma mensagem para o líder da equipe falando que gostaria de ir me despedir e falar meus motivos para meus companheiros de treino.
E a resposta dele me surpreendeu, dizia que era melhor eu não ir mais lá e que já sabia que fazia tempo que eu planejava sair e estava procurando outro lugar.
Minha resposta foi simples:
É uma pena.E não acredite em boatos,eu não tinha planos para sair e na verdade estava até me sentindo perdido .
Mas mesmo assim, segui meu caminho,que no momento era confuso e incerto.
Eu só tinha uma certeza,que nem eu nem meu filho iríamos desistir do jiu-jítsu e nem da campanha.
Estávamos sem lugar para treinar e sozinhos,porque não pedi para ninguém sair da equipe e vir para minha.
Não achava ético fazer este tipo de convite,mas deixei claro que não iria fechar a porta para ninguém.
Depois de 15 dias de procura achei um local para podermos treinar.
O nome da nossa equipe também já estava definida e só poderia ser : Super Team jiu-jítsu!!!
Afinal era a equipe do Super- Kenzo .
Outra grande mudança foi que Isa resolveu me ajudar sendo a parte administrativa da equipe.
Foi uma satisfação enorme juntar as pessoas que mais amo com

o esporte que amo.

Criei um logotipo e a Isa mandou confeccionar uma bandeira.

E dia 21 de abril começamos a treinar novamente,apesar de estranhar o espaço menor e a falta de alunos,agora éramos uma equipe!

E motivados a repassar tanto a parte técnica quanto a parte de ética,ensinar o esporte e também a arte que é o jiu-jítsu.

Capítulo 7 (Crescimento e popularização)

A campanha Autismo +Jiu-jítsu =Potencial ia de vento em popa. Graças a Deus,a todos que apresento nossa idéia,gostam e nos apóiam.

E os patchs já começam a aparecer nos maiores campeonatos ao redor do mundo.

Primeiro no Mundial Master com o Seringueiro,depois no Europa Open ,com Anderson Takahashi e Rogério de Cristo ,no Pan com Vanessa Saiki e Wandson Bailão e no mundial com Kessya, Diego e Anderson novamente.

Fiquei muito orgulhoso em ver nossa marca em todos estes campeonatos e sou profundamente grato a essas pessoas e também a todos outros que ostentam nossa bandeira mundo afora.

Depois de algum tempo e com a procura pelos patchs sendo tão grande ,resolvi que eu teria que arrumar uma forma de baratear o custo de produção,já que eu gastava 500 ienes a unidade para mandar fazer,e depois dava para as pessoas que se interessavam em ajudar a divulgar.

Algumas pessoas perguntavam por quanto eu vendia,e as vezes se assustavam quando eu respondia que era de graça, e que era eu que agradecia por eles me ajudarem.

Outros me aconselharam a cobrar um preço simbólico,para

ajudar com os gastos da confecção.
Mas nunca cobrei porque acho que essa é uma missão que abracei e que eu devo cumpri-la,mesmo que com dificuldades devido a minha atual situação financeira.
Enfim,fiz uma tela de serigrafia,comprei tinta pela internet e aos poucos ia comprando tecido e eu mesmo confeccionando os patchs.
Toda vez que sobrava um dinheirinho eu ia na loja e comprava 1 ou 2 metros de tecidos e fazia os patchs,já que a procura continuava e continua grande.

Calculo que já distribui ,mais de 500 patchs até esta data.
Tivemos oportunidade de dar nossos paths para lutadores

famosos como:

Irmãos Mendes,irmãos Miyao ,kron Gracie , Isaque Paiva e vários outros.

Em maio tive uma bela surpresa ao ver uma matéria na Graciemag, sobre nós,e claro deu mais visibilidade a campanha, e também muita gente entrou em contato comigo via facebook.

Decidi que depois de estarmos sendo representados em tantos,na verdade nos maiores campeonatos do planeta,era hora de o maior campeonato infantil do mundo também conhecer o Autismo+Jiu-jítsu =Potencial.

E só poderia ser representado por nossa estrela maior, nosso Super-kenzo.

Na verdade este sonho nasceu em uma conversa com nossa amiga Vanessa Saiki.

Tentei contato com a federação internacional e depois de vários e-mails enviados veio a resposta : que eles não tinham notícia de nenhum portador de autismo ter participado do Pan kids, que até poderia ter acontecido mas que eles não foram informados.

Contei nossa história e falei que em 2015 o Kenzo iria participar e sim, seria oficialmente o primeiro autista a participar deste evento.

A moça muito simpática respondeu que, no que fosse possível, a federação apoiaria e ajudaria.

        (milhares de não até escutar um sim)

E comecei a traçar a estratégia para conseguir este feito,já que eu sabia que eu não tinha dinheiro nem para comprar um kimono novo ,então quem dirá ir para os Estados Unidos competir!

Minha primeira tentativa foi buscar patrocinadores, escrevi uma carta explicando nossos objetivos e necessidades e primeiramente mandei uma para meu amigo, Rodrigo pedindo para ele traduzir para o Japonês.

Depois de traduzida, imprimi algumas em português e também em japonês.

Em um guia de comércio e serviços ,fui buscando prováveis parceiros.

Procurei ser bem democrático,tentei desde pizzarias até o Banco do Brasil,no total foram mais de 25 cartas-propostas enviadas.

Acredito que o mais interessante, para não dizer cara-de-pau da minha parte,foram as empresas japonesas.Por não ter muito contato com empresas japonesas as únicas opções eram as empresas que de alguma forma eu já havia tido um contato.

Então mandei carta para operadora do cartão de crédito (que eu estava devendo).

Para loja de carro(onde estava tentando negociar a devolução do meu carro).

Pensei,se na hora de me cobrar eles não fazem cerimônia também não vou fazer na hora de tentar algo pra gente.

(Falando nisso ,minha situação financeira ainda estava uma bagunça entre idas e vindas no advogado para tentar resolver,provavelmente seria declarada minha falência .)

Bom o resultado de todas estas cartas foi apenas 1 telefonema de uma empresa de transportes a Sanshin ,no qual atendi com o coração saindo pela boca,principalmente depois que a moça falou que era sobre um pedido de patrocínio.

Mas a resposta era que infelizmente este ano a empresa já tinha esgotado a verba para estes fins.

Agradeci sinceramente ,simplesmente pelo fato de terem tido a consideração de ao menos me dar uma resposta.

Sempre falo que na vida a gente vai escutar muitos NÃO antes de escutar um sim!

Todos dizem que sou persistente,mas acho que sou mais teimoso do que qualquer coisa.

Minha segunda opção era a confecção de camisetas para vender.

Imaginei em reservar espaços na camiseta para patrocinadores e assim aumentar a chances de arrecadação.

Fui negociar primeiro com empresas que eu já conhecia e eles nos conheciam,assim ficaria mais fácil.

Eu havia pedido 20 mil ienes para cada patrocinador colocar seu logotipo na camiseta.

A primeira a fechar conosco foi a Dumau Kimonos, mas o pagamento seria feito em forma de kimonos que posteriormente eu poderia vender e ficar com o dinheiro.

A segunda foi a Adi Supli.

Que combinamos que ele faria o pagamento conforme ele fizesse os campeonatos.

A terceira foi a Protein Express que nos doou um kit de suplemento e um aparelho de musculação domiciliar,que oferecemos como prêmio em uma rifa,que foi rapidamente vendida com ajuda de amigos como Suely,Vanessa Tanabe entre outros.

A quarta empresa foi a que me deixou mais ansioso,por se tratar da primeira que não nos conhecia e também não era ligada ao jiu-jítsu.

Foi através da nossa amiga Suely que fomos indicados para Wizard Idiomas,onde mandei um e-mail nos apresentando falando do nosso projeto.

A resposta veio com um pedido para nos encontrarmos pessoalmente para que eu pudesse apresentar a proposta.

No dia e horário marcado fomos lá eu,Isa e Kenzo.

Levei uma amostra da camiseta e apresentei o projeto.

Quem ouvia atentamente era Marcos um dos diretores da Wizard Japan.

Ao final gentilmente Marcos falou que gostou da idéia e que

sim, eles queriam fazer parte do projeto e que o logo deles iria na manga da camiseta.

Fiquei tão emocionado,que deixei transparecer em forma de algumas tímidas lágrimas.

Afinal de contas eu estava só acostumado a ouvir NÃO.

Mas ouvir SIM ainda era algo novo para mim.

Ainda sobravam alguns espaços vagos para patrocinadores ,mas eu já não tinha mais idéia pra quem pedir ajuda.

Foi então que o professor Leandro Kussano me ligou e falou que apoiava e gostaria de alguma maneira ajudar,explicou que não tinha dinheiro mas que poderia fazer um seminário e que todo o dinheiro arrecadado seria doado para o Kenzo .

Sendo assim resolvi que um dos espaços seria para Kussano Dojo Suplementos, e como eu não conseguira vender mais espaços eu colocaria o logo da super team jiu-jitsu, para completar o espaço vazio e não afetar no design inicial da camiseta.

Desde a fundação da Super Team muitas coisas aconteceram. Conheci e conversava muito com Ricardo que era fundador e presidente da CBPJJ (Confederação Brasileira Paradesportiva de jiu-jitsu) que me inspirava muito e me fazia sonhar com a chance de um dia fundar uma federação nos mesmos moldes aqui no Japão também.

Outro fato que mudaria nossa trajetória foi que um dia antes de um campeonato em uma conversa com professor Magrão resolvemos inscrever nossos atletas como uma única equipe.(Extreme Super team)

Capitulo 8 (Lançamento)

Dia 06 de julho, esse foi o dia marcado para o seminário do Kussano ,e tambem o lançamento da camiseta do projeto Autismo+Jiu-jitsu=Potencial. Neste dia ,confesso que fiquei meio decepcionado com o pessoal, eu sempre ouvia falar sobre as rivalidades das equipes dentro do jiu-jitsu,mas essa foi a primeira vez que eu realmente pude comprovar isso.

O seminário foi praticamente boicotado por alguns professores e os participantes foram quase que exclusivamente das equipes do Kussano,da Extreme e da Super team.

Mas nada que tirasse o brilho daquele evento que teve cobertura de varias mídias da nossa comunidade brasileira local. Lembro que meu sentimento era de profunda gratidão principalmente aos alunos do Kussano que mesmo podendo ter uma aula na academia deles,vieram e pagaram para fazer essa aula (seminário) e ainda na sua maioria comprou a camiseta para ajudar o Kenzo.

Quando fomos encomendar as camisetas ficou combinado a quantidade de 100 camisetas (por questão de preço e logística) Destas camisetas nós teríamos o lucro de 700 ienes para cada unidade,o que nos daria um lucro total de 70 mil ienes e eu ia depositando em uma conta no nome do Kenzo .

Como eu não tinha o dinheiro para pagar todas as camisetas de uma só vez o Renan (rapaz que fez as camisetas) falou o seguinte para mim :¨ Will faz umas vinte no inicio e com a venda destas você já paga os próximos pedidos, além do que você só pede conforme entrar as encomendas , e assim fizemos.

Capitulo 9 (Por amor , a dor)

E seguimos na nossa rotina,trabalho,treino e campeonatos . Nossa equipe continuava pequena se resumia a Eu,Kenzo,Minoru, Aiko e de vez em quando o Marcelo (pai da Aiko).
O kenzo competindo como nunca, as vezes ganhando as vezes em segundo ou terceiro, mas sempre pontuando no ranking da Dumau Kimonos.

Agosto aqui no Japão tem um feriado bem longo,mais ou menos 1 semana e coincidiu de ter um campeonato bem no inicio do feriado e como eu ajudava na organização do evento e por ter poucos atletas inscritos a pedido do Adi (organizador do evento) eu iria competir em varias categorias (faixa roxa adulto,máster) além de mim iam lutar o Kenzo e também o Minoru.
Fomos até Toyama, mais ou menos 5 horas de casa, eu me machuquei na segunda luta ,mas consegui completar minhas outras lutas,o Kenzo e Minoru ambos ficaram em segundo em suas categorias.
No final do dia conseguimos terminar o campeonato na classificação de equipes em terceiro lugar no Kids (com apenas 2 atletas)
E em terceiro no Adulto (com apenas 1 atleta)
Resultado foi o feriado todo de muletas,mas mesmo assim foi emocionante termos conquistado nossos primeiros troféus .

Na escola o Kenzo mantinha seu comportamento instável horas estava bem, horas entrava em surto, e eu acredito que os professores desta escola não conseguiam traze-lo de volta destes surtos o que quase sempre terminava de alguma maneira mais séria(quebrando algum objeto) ou até mesmo se machucando ou machucando algum coleginha de sala. Realmente para mim e minha esposa é bem estressante quando recebemos um telefonema da escola,basta ver o numero que já ficamos imaginando:" O que sera que o gorduchinho aprontou desta vez?"

Setembro foi marcado por um outro fato, digamos que dolorido,pelo menos para mim.

Nosso próximo campeonato seria em Tókio e como eu sempre estava acompanhado o Kenzo, posso dizer que morria de vontade de estar lutando também, então resolvi lutar esse.

Desta vez o Igor (filho do Magrão) iria conosco ,por isso veio dois dias antes e ficou conosco em casa.

Igor é um menino de 14 anos,educado e com uma tamanha paciência com o Kenzo que eu fico abismado.

Sem falar como ele e o Kenzo se gostam e se dão bem.

Sábado passamos o dia inteiro juntos nós três, já que Isa foi trabalhar,fomos treinar depois almoçamos (me impressionou a quantidade que o Igor come e sempre na maior educação naquele jeitão dele:¨ Professor posso repetir?¨Depois fomos ao zoológico aqui de Toyohashi dar uma relaxada, porque na madrugada seguinte íamos viajar.

Chegando no estádio em Tókio, logo encontramos alguns conhecidos e também pessoas que nos conheciam pela internet e que também compraram as camisetas.

Fiz a primeira luta com o Betão um cara que eu conheci naquele dia ,mas ele me falou que já me conhecia e tal ,conversamos bastante antes da luta.

Já na luta eu estava ganhando quando deixei que ele passasse minha guarda e quando tentei sair da posição de 100 kg (eu por baixo) senti um estalo no meu ombro,mas consegui terminar a luta, só que infelizmente perdi.

Após a luta meu ombro já doía muito então fui ao medico que fica de plantão nos torneios, e ele me falou que teria que imobilizar porque tinha lesionado,mas não deixei pois eu teria que luta,r porque havia prometido voltar com duas medalhas,uma para o Minoru e outra para o Kenzo como forma de agradecimento de eles estarem ao meu lado sempre.

A primeira luta,mesmo eu perdendo já havia garantido a categoria do meu peso,mas a outra eu teria que lutar e ganhar uma luta ao menos para conseguir o terceiro lugar. Lembro que deitei no chão e coloquei uma toalha na minha cabeça para que ninguém notasse que eu estava chorando, eu estava muito chateado com a possibilidade de não cumprir com minha promessa.

Enquanto isso o Igor foi campeão e o Kenzo ficou em terceiro lugar. As lutas da categoria absoluto (sem limite de peso) geralmente começam após acabarem as lutas das outras categorias,então a minha luta no absoluto só foi começar a tarde.

Quando me chamaram no microfone olhei o adversário e já pensei: Lascou! Era um japonês enorme tinha pelo menos uns 120 kgs.

Assim que começou a luta eu consegui dar uma queda e saí na frente no placar,então pensei: agora só tenho que manter ele aqui embaixo.

Sim muito fácil na teoria mas imagina você ter que dominar um cara com pelo menos 40 kgs a mais que você e ainda com apenas um braço (não estava imobilizado mas também não conseguia fazer força com o braço direito)

Dei sorte que cai do lado que com o braço esquerdo eu abraçava a cabeça do adversário e o direito quase não fazia força porque eu usava meu corpo para imobiliza-lo.

Mas em certo momento da luta houve um choque e meu nariz começou a sangrar e o kenzo assistindo a luta ficou assustado e começou a chorar, e não parou mais até o Igor tira-lo de lá. Felizmente consegui ganhar a luta e avancei na chave.

Ao final desta luta veio o Betão falar comigo e dizer que se eu conseguisse ganhar a semi-final eu faria a final com ele já que ele já havia ganhado a semi-final dele, e que se eu ganhasse nós não lutaríamos e eu seria o campeão porque ele também estava machucado.

Com essa motivação(a de ser campeão) entrei na semi-final contra um adversário que já era meu conhecido e amigo (Marcelão).

Lutei como pude mas quase no finalzinho meu ombro não agüentou mais e eu cedi á dor.

Não totalmente feliz com o resultado mas com a consciência tranqüila porque havia conseguido cumprir mais uma vez minha palavra.

Com a campanha tudo ia muito bem,eu estava fazendo e enviando muitos patchs.
Alguns para fora do Japão, como Brasil,Portugal,Inglaterra e Estados Unidos.
As camisetas também estavam quase todas vendidas, mas me preocupava se o dinheiro que eu arrecadasse daria para pagar as despesas da viagem,a qual eu já estava começando a planejar e pesquisar preços de hotel,passagem etc.
Mas aí que começou os gastos extras e que a gente nunca conta: renovação de passaporte (meu e do Kenzo) visto americano (que uma agencia cobrava 30 mil ienes por pessoa,que eu resolvi pagar por ter medo de tentar sozinho) sem falar os gastos com a viagem para por em ordem estes dois itens já que um era em Nagoya e outro em Osaka.Só nisso já havia ido o dinheiro do lucro da venda das camisetas e ainda restavam: passagem,hospedagem,alimentação e etc.
E minha situação financeira? Ainda era uma grande duvida os advogados ainda não tinham resolvido nada,apenas pediram pra eu ir tentando pagar o que dava ,e eu ia pagando...
Mas mesmo assim eu me mantinha foco, que era a popularização da campanha,até mesmo a viagem e participação do kenzo eram parte disso.
Para mim a nossa viagem para os Estados Unidos era para promover a idéia do que a campanha defende ,que é levar mais portadores de autismo para conhecer o jiu-jitsu, ou até das pessoas conhecerem a história do Kenzo e se motivarem a tentar algo parecido com seus filhos autistas, nem precisa ser com o jiu-jitsu mas que de alguma forma socializassem.
Mas infelizmente havia pessoas que achavam que de alguma maneira eu tirava proveito desta campanha.Isso realmente me indignava.Eu tirava proveito? Como? Nunca tive retorno

financeiro com a campanha,pelo contrario eu gastava o que eu não tinha para divulga-la, alunos para minha academia? Também não,eu sempre defendi que não importava a academia ,mas que os pais procurassem uma perto de suas casas e inclusive indiquei algumas...talvez uma das únicas coisa que eu me beneficiasse era em ver as crianças autistas que eu, de alguma maneira pude ajudar indicando a uma academia para elas irem treinar, ou para que os pais pudessem perder o medo de tentar ,após conhecer nossa historia .

Capitulo 10 (Fazendo historia)

No final do ano aconteceria o Asian Open de jiu-jitsu pela primeira vez aqui em Nagoya, que é bem perto da cidade onde moramos e eu estava pensando uma maneira de fazer algo para divulgar a campanha neste que era o mais importante torneio da Ásia.

Primeiro, tentei contato com a federação Japonesa mas não obtive nenhuma resposta ou respostas porque tentei varias vezes.

Depois entrei em contato com um rapaz brasileiro que trabalhava para federação internacional ,mas como morava aqui tinha contato com os diretores da federação japonesa.

A primeira resposta que recebi foi deste rapaz que se propôs a ajudar ,mas não acreditava que eu fosse conseguir, já que a federação nunca havia feito uma luta de exibição como eu havia proposto.

Como eu não recebia mais retorno da situação resolvi entrar em contato com a Federação Internacional (com uma moça simpática)e depois de vários e vários e-mails veio a resposta: "Vamos fazer isso acontecer professor!"

Então comecei a correr atrás dos detalhes,porque resolvi que eu também iria lutar.

Fiz minha carteirinha da federação tanto da japonesa quanto da internacional e fiz minha inscrição no torneio.

Entrei em contato com o Ricardo da CBPJJ para ver se ele me enviava uns patchs para eu poder por no meu kimono e também do Kenzo,também falei com as pessoas que nos apoiava, para me mandarem os patchs também,mas não falei o porque, apenas falei que como tínhamos kimonos novos precisávamos de pacths.

Um dia antes do Asiático chegou o ultimo patch que faltava,veio do Brasil ,era da CBPJJ.

Consegui um contato com o jornal da minha cidade onde eu contei nossa historia e expliquei sobre a possibilidade da luta exibição.

Na semana anterior ao Asiático o jornalista veio até a Super Team nos entrevistar e tirar uma foto.

Eu não havia falado para ninguém sobre nosso plano, porque eu não acreditava que realmente iria dar certo pois a federação japonesa ainda não tinha me confirmado nada.

O campeonato seria em 2 dias ,no sábado e domingo.

A Federação Internacional me falou que a luta do Kenzo seria no sábado, e eu já sabia que eu iria lutar no domingo.

Então no sábado cedinho rumamos para Nagoya e eu ainda com aquele medo de chegar lá e não ser nada do que me falaram.

No caminho parei em uma loja de conveniência e comprei o jornal e lá estávamos nós, o que só aumentou o meu medo de dar errado.

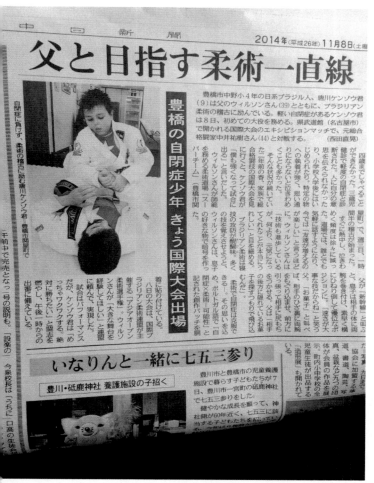

Fomos um dos primeiros a chegar no ginásio e fui direto falar com o rapaz brasileiro que eu conhecia.

O pessoal da organização ainda arrumava tudo por lá.

Dei bom dia e perguntei como seria, ele me falou: como seria o que? Ele não sabia de nada.

Não preciso nem falar que minha cara foi lá no chão.

Mas ele me falou:¨ Vai ali e fala com aquele rapaz que ele é da federação internacional,talvez ele saiba de algo.¨

Fui apresentado ao responsável e ele falou: Ëntão vai ser o seguinte, seu filho vai fazer uma luta de 2 minutos com o Yuki Nakai e será mais ou menos 12:00 horas, na hora em que os faixas pretas estiverem lutando,vai parar todas as áreas ,então vocês entram! Acho que posso dizer que eu voltei a sentir minhas pernas porque até então, estava tão nervoso que estava amortecido. Logo em seguida veio o Sr Nao (um dos diretores da federação japonesa) ele é japonês mas fala português , e muito bem por sinal. Já aproveitei que estava ali mesmo e tentei outro pedido.Pedi que se possível, no final da luta o Yuki Nakai podia dar um grau pro Kenzo, e como ele me falou que seria me dado um microfone para anunciar a luta se ele podia traduzir o que eu ia falar para o publico japonês entender. Todos viam o kenzo de kimono e não entendiam o porque ,já que no Asiático não tem categoria para crianças (estou trabalhando nisso também), acredito que pensavam que éramos no mínimo meios xaropes de vestir o kenzo para luta. Eis que deu o horário, fomos chamados e foi como planejado: Pararam as lutas e anunciaram nos alto-falantes, entrei e anunciei a luta e agradeci a oportunidade e falando da importância e o significado daquela luta para um futuro com menos preconceito . Achei que ia travar e não conseguir falar para um público tão grande,mas tudo correu bem. A luta foi um espetáculo,o Kenzo fez tudo certinho e foi muito aplaudido. No final ,para surpresa do Kenzo, ele recebeu um grau das mãos do lendário Yuki Nakai .

Assim que saímos da área de luta, lembro de ser cumprimentado pelas pessoas, mas a coisa que me marcou foi ver o Igor nos esperando na barreira de contenção. Ele deu parabéns primeiro para o kenzo e depois me abraçou e falou :"Parabéns professor!" Ali eu desabei e falei: Nunca desista do que você acredita ou sonhe,mesmo que todos falem que você não vai conseguir,tente até o final.(eu acredito que esse menino tem um futuro brilhante no esporte e desejo do fundo do meu coração que ele não desanime nos muitos NÃOS que virão antes do SIM)

© kaori sugawara

capitulo 11 (A surpresa)

Fomos pra casa pisando em nuvens,mas logo deveríamos voltar porque no dia seguinte era eu quem ia lutar.
No domingo eu entrei para lutar,mas confesso que nenhum pouco concentrado,para mim a grande luta, nós já havíamos vencido.
Lutei e logo de cara perdi para o campeão da minha categoria fiquei em terceiro lugar mas muito feliz mesmo.
A repercussão daquela luta foi grande,foi no mundo todo e todos os tipos de mídia falaram a respeito.
E pela Graciemag (revista especializada em jiu-jitsu) que essa luta foi histórica por ser a primeira da IBJJF (Internacional brazilian jiu-jitsu federation).
Finalmente minha teimosia serviu para algo que será lembrado para sempre.
Chegando em casa eu fui logo gravar um depoimento para a graduação do Magrão (ele ia ser graduado faixa preta).
No domingo seguinte fomos para Suzuka onde ia ser a graduação do Magrão,lá estava bastante gente,convidados para o momento tão especial.
Fizemos um treinão (como chamamos) e começou a surpresa para o Magrão (ele não sabia que ia ser graduado) o professor Gabriel alinhou todos e chamou o Magrão, onde falou algumas palavras e amarrou a faixa preta na cintura do Magrão,(eu já estava aos prantos) aí começou a passar os vídeos dos depoimentos no telão,foi de longe a graduação mais bonita e emocionante que eu já tinha visto.

Quase no final, o Magrão saiu um pouco e logo voltou (com todos ainda alinhados em formação)
Começou a falar que hoje era a graduação de uma pessoa que ele admirava muito em quem se inspirava,que tinha muito orgulho em graduar essa pessoa a faixa marrom.
Demorou até eu entender que era de mim que ele estava falando,na verdade ele precisou me chamar :" Will você não vem aqui? "
Nesse momento vem a frente também o Kenzo com um arranjo de flores e todo emocionado.
Como vocês já devem ter notado ,sou a pessoa mais chorona que existe na face da terra, não parava de chorar.Não sei dizer o que mais me tocou se foram as palavras a mim dirigidas (de uma pessoa que tenho um carinho enorme)ou se foi ver meu filhote emocionado.

Capitulo 12 (As mudanças)

Dezembro é um mês festivo,ainda mais aqui em casa,porque alem do Natale do Ano Novo,nós também temos o aniversario do Kenzo.

Eu começava a notar uma característica nova no Kenzo ,de um tempo pra cá ele se interessou por desenhos e tem se concentrado bastante, fazendo-os .

Para mim acho que foi um grande progresso ,logo eu que não conseguia imaginar que aquele garotinho agitado, pudesse um dia ficar paradinho mais que 10 minutos.

E como postei em minha rede social:

¨Arteiro sempre foi,mas desenhista começou agora¨.

Outra grande mudança, foi na comemoração do aniversario do Kenzo.

Que antes, claro,era uma data alegre e festiva,mas sempre com poucos convidados ,quase sempre duas ou 3 pessoas, fora nós de casa.

Mas neste ano eu perguntei ,meio que na brincadeira, se ele queria que a festa de aniversario dele fosse do ¨ let it go¨(ele vivia cantarolando a versão japonesa da musica do desenho) ou se gostaria que cantássemos parabéns pra você no campeonato.

Mais do que depressa a resposta foi:- No campeonato!!!!

Então decidimos que iríamos fazer no campeonato dia 21 , 3 dias após o aniversario do dele.

O dia 18 dia do seu aniversario caiu em uma quinta –feira e eu trabalhava bem cedo,saía de casa antes das 6 da manhã.
Então quando saio pra fora, o que vejo? O chão todo branquinho de neve (aqui em Toyohashi neva muito pouco,uma ou duas vezes por ano) e desta vez São Pedro me deu a idéia.
Com os pés escrevi ¨Omedetou Kenzo¨no chão do parquinho em frente da nossa janela da sala.(rindo imaginando ele lendo a mensagem)
Quando terminei de escrever e já estava indo para o carro escuto um: Bom dia , é primeira vez que você vê neve?
Nem preciso dizer que morri de vergonha,mas expliquei que era o aniversario do meu filho e eu estava preparando uma surpresa.
Fui trabalhar e no caminho liguei para minha esposa acordar ele e leva-lo até a janela ver a mensagem.
Bom a reação dele? Imaginem vocês ...

capitulo 13 (Um alívio esperado)

Dezembro se encerrou de forma senão maravilhosa eu diria mais tranqüila.

No seu último campeonato do ano Kenzo teve uma vitória linda e comemorou com um grito que talvez só eu entendesse.

Depois de várias derrotas e quase vitórias a sensação de ser campeão voltou.

Sem falar que terminou em primeiro faixa cinza do ranking da Dumau kimonos .

Pra mim também tive boas notícias, os advogados finalmente conseguiram um acordo com meus credores e eu iria pagar parcelado em um período de 5 anos.

Mesmo que essas parcelas fossem comer quase 60% do meu salário sem contar as contas básicas como contas de água luz,gás,telefone e aluguel. Eu estava um pouco aliviado e iria começar um ano realmente novo.

Com a arrecadação das camisetas usamos para pagar a renovação do passaporte do Kenzo e o visto americano.

Neste momento minha esposa resolveu que iria junto.

Mas em momento algum usamos o dinheiro arrecadado para pagar algo que não fosse exclusivamente para o Kenzo.

O pessoal que ia conosco já havia confirmado e eu reservei hotel e carro no meu nome e as passagens o professor Marques acertou a reserva com a agencia ,mas deveríamos pagar com antecedência .

Então resolvemos pagar a minha e da minha esposa no cartão de credito dela (já que os meus foram devolvidos) e a do Kenzo nós pagamos a vista com o dinheiro que sobrou das camisetas e de umas rifas que fizemos.

Com a inscrição do campeonato feita,passagem comprada,reservas feitas fomos até o consulado americano fazer a entrevista para o visto.

Meu maior medo era de negarem nosso visto porque aí perderíamos o dinheiro pois pagamos pra agencia que nos assessorou no visto e mais em 50% das passagens. Pensa em um dia tenso? Mas no final deu tudo certo aprovaram o visto com validade de 10 anos.

Janeiro ainda me reservou uma outra ótima surpresa .

Tashiro, um professor de jiu-jitsu de Saitama (conheci o Tashiro através da campanha Autismo+jiujitsu=Potencial) conversávamos muito e ele sempre apoiou e nos ajudou a vender bastante camisetas na região onde ele morava.

Me ligou e falou que tinha organizado uma rifa e que gostaria de doar o dinheiro arrecadado para a viagem do Kenzo.

Fiquei muito emocionado com essa atitude e ao mesmo tempo aliviado porque ainda faltava pagar hotel e despesas para ir e voltar até Haneda (aeroporto em Tokyo).

Sob nossa responsabilidade iria Sakuya um japonezinho da Extreme bjj, Sakuya tinha 8 anos e seria sua primeira viagem sem os pais.

Como no total éramos 8 pessoas 3 adultos e 5 crianças (Igor na ultima hora cancelou a viajem) eu reservei carro,hotel e também preparei um itinerário com informações que consegui na internet.

Eu acredito que mesmo que nosso objetivo seja competir seria injusto privar as crianças de novas experiências.(muitos conhecidos tem o pensamento tipo: ¨vai lutar ou vai passear¨?) Então nosso roteiro era:

Dia 1: desembarcaríamos em LA e logo que pegássemos o carro iríamos direto para o hotel.

Dia 2: acordaríamos cedo e iríamos conhecer a Universal Studios Hollywood.

Dia 3:treino na parte da manha na academia Marcelo Cavalcanti Parte tarde livre.

Dia 4: campeonato.

Dia 5: embarcar para o Japão .

Pesquisei preço de tudo desde valores do hotel,aluguel do carro (seguro+gasolina),entrada no parque+estacionamento e passei o orçamento para todos que iriam,já com preços individuais de tudo.

No final das minhas contas o dinheiro do Kenzo cobriu todas as despesa dele e ainda sobrou para alimentação . Mas o que realmente me preocupava era a minha parte porque a passagem eu parcelei no cartão mas para pagar o resto teria que pegar do meu pagamento de Fevereiro,mas eu só recebia dia 15 e nós iríamos embarcar dia 12.

Falei com meu patrão e ele concordou em adiantar meu pagamento para dia 11.

Fevereiro ao mesmo tempo veio rápido e ao mesmo tempo foi demorado, por causa da ansiedade.

Dia 8, o ultimo domingo antes do embarque recebemos em nossa casa um jornalista japonês do jornal local.

Ele preparava uma matéria sobre nossos planos de participação no Pan kids 2015 na Califórnia.

Trabalhei dia 9 e 10 neste último dia encontrei meu chefe novamente e pedi a ele mais um dinheiro emprestado para viagem.(para devolver parcelado)

Capitulo 14 (A viagem)

Dia 11, terminamos de arrumar as malas e fui trocar o yene para dólar,já que achava que no aeroporto seria mais caro.

Fomos dormir cedo porque na manhã seguinte seria o dia em que iríamos viajar.

Na manhã do dia 12 os pais do Sakuya vieram trazer ele aqui em casa.

Assim que chegou, verificamos todos os documentos e explicamos que todo gasto que ele tivesse nós anotaríamos em um caderninho e colocaríamos as notinhas em um envelope para que eles pudessem conferir quando voltássemos (porque ficamos responsáveis pelo dinheiro dele)

Logo em Seguida peguei o carro e seguimos para Tokyo , foram mais ou menos 4 horas de viagem até o aeroporto de Haneda chegamos mais ou menos umas 17 horas mas só embarcaríamos ás 24.

Enquanto esperávamos o resto do pessoal que ainda não tinha chegado ,ficamos andando pelo aeroporto e olhando as lojas , foi então que vi um guichê de uma seguradora e me veio a cabeça: E se um destes garotos se machucassem, como seria? Fui me informar sobre seguro para o Estados Unidos e me deram um orçamento de mais ou menos 3mil ienes para cada criança para os 5 dias que íamos ficar lá.

Era um gasto que eu não tinha calculado mas que refletimos e resolvemos pagar e todas as crianças que foram conosco também acharam melhor se precaver.

Uma coisa que me deixava meio chateado era o fato do Igor não ter ido conosco,então resolvi deixar uma camiseta da

Extreme sempre a mão para na hora em que tirássemos uma fotos seguraríamos para parecer que tinha mais uma pessoa na foto (no caso o Igor) e que em todo momento estaríamos lembrando dele.

Depois de muitas horas passeando dentro do terminal resolvemos ir para a sala de embarque,nesse momento com toda a nossa turma já reunida e animadíssima (imagina 5 crianças entre 8 e 11 anos juntas em uma viagem internacional) Passamos pelos famosos raio X e depois imigração ou vice-versa.

Assim que entramos no terminal de embarque o Sakuya fala meio indignado :- Ué mas aqui tem mais japonês que estrangeiro?

Coitadinho,na cabecinha dele nós já havíamos saído do Japão e chegado no Estados Unidos assim que cruzamos a imigração (pensamento até lógico para uma criança que estava pela primeira vez em um aeroporto) mas foi muito engraçado a carinha que ele fez e infelizmente vocês não vão saber porque não fotografei.

Depois de mais um pouco de espera na frente do portão de embarque e depois de mais alguns : "-Kenzo volta aqui!" "-Sakuya desce daí! "-Meninos não mexam aí!" Embarcamos para Los Angeles.

Detalhe,era a primeira vez que Sakuya entrava em um avião e a terceira vez do kenzo,mas a primeira ele já não lembrava pois ele era um bebe ainda e a segunda foi um vôo curto quando fomos para Hokaido.

Estavam em uma agitação só , depois de algumas horas de viagem, a aeromoça, enquanto passava por nós soltou um :¨- No more sugar for him¨ (Sem mais açúcar pra ele)Referindo-se ao Sakuya.Depois de mais 10 horas de vôo e muitos Kenzo dorme! Descansa!, Sakuya volta pra sua poltrona! Chegamos em Los Angeles.

Capitulo 15 (Cidade dos anjos)

Assim que desembarcamos passamos sem problemas pela migração,(claro que rolou aquele friozinho na barriga de alguém não ir com nossa cara e não nos deixar entrar) Retiramos nossas bagagens e saímos.

Ao chegar lá fora já dou de cara com o Luiz que estava nos esperando.

Luiz é um amigo meu de infância, somos vizinhos no Brasil e também moramos praticamente juntos no Japão também. Temos uma amizade de mais de 35 anos (entregando minha idade).

Quando eu planejava a nossa viagem eu entrei em contato com Luiz e passei o endereço do Hotel em que íamos ficar hospedados e perguntei se era perto de onde ele morava (imaginando que seria no mesmo estado mas meio longe) ele me responde mais ou menos perto...

Uns 20 poucos quilômetros . - Nossa Luiz é praticamente colado na sua casa !!!

Então ele me pediu os horários do nosso vôo e se propôs a ir nos buscar no aeroporto e nos ajudar, o que eu achei ótimo porque ninguém do nosso grupo tinha alguma vez pisado nos Estados Unidos e nossa fluência no idioma era algo engraçado para não dizer ridículo .(bom tinha o portunhol italianado do Marques)

Dali, rumamos para a Sakura rent a car, uma locadora de carros que atende o publico japonês e falam em japonês(por isso escolhi essa).

Já passamos nosso primeiro perrengue nas terras do Tio Sam. Pegamos o dinheiro que já estava separado para o carro(cash) e fomos pagar o aluguel,até aí ótimo. Eis que o atendente fala que precisava de um cartão de credito porque teria que deixar um valor caução.

Como só a Isa tinha cartão demos o dela,mas com um pequeno problema:como nós parcelamos a minha e a passagem dela pelo cartão o credito já tinha chegado ao limite.

O que impossibilitou a transação.

Depois de muito conversamos e de chegar a conclusão que teríamos que cancelar a reserva o Marques deu a idéia em deixar o valor do caução em dinheiro(no caso o dinheiro que ele não havia trocado para o dólar e iria usar na volta no Japão para retornar do aeroporto) deixamos 30 mil ienes e pegamos o carro.

Nisso ,já já estava escuro lá fora, quando pegamos a estrada até o hotel que ficava em Long Beach.

Foram no carro do Luiz: Eu,Isa,Kenzo e Sakuya e no outro carro: Marques,Luan,Agatha e Rafinha.

Na hora que entramos na auto-way e eu vi aquela ¨carraiada¨ para todo lado eu já arrepiei e falei com o Luiz: vai devagar pro Marques não se perder da gente!

O Marques nessa hora me falou depois que estava em pânico.

Por dirigir em um país estranho com a direção do lado contrario de que estava acostumado em uma rodovia com 6 pistas e a noite.

Depois de uns 20 ou 30 minutos de muitos cadê eles? Ali! Ali!, Kenzo fica quieto!! Sakuya não mexe aí! Kenzo fecha o vidro! Chegamos no hotel e nada do Marques chegar, é nós nos perdemos no meio daquele transito maluco!

Depois de uns 10 minutos surge a Wagon deles e desce o Marques meio branco com os olhos saltados pra fora e já falando:¨ Nossa que transito é esse? Ainda bem que o navegador trouxe a gente certinho porque assim que saímos da Rent-car eu perdi vocês!¨

Fomos fazer o nosso check-in no Hotel,confirmaram a reserva e então pagamos,o atendente ficou meio assustado em receber o valor em cash (1.192 dólares +15%) ainda mais com notas todas novinhas em folha.

Geralmente os pagamentos são feitos em cartão de credito .

No final veio novamente a pergunta: em qual cartão vocês vão deixar o valor de caução?

Pronto, agora lascou! O cartão da Isa já não passava mais e o dinheiro extra do Marques já tinha ficado no aluguel do carro. Então o Luiz se propôs a deixar o valor do caução no cartão dele já que esse valor era apenas de garantia caso quebrasse algo dos quartos .

Já pensei : Jesus amarra esses meninos aí pra eles não quebrarem nada!

Tudo certo então fomos levar nossas bagagens para os quartos .

Achamos melhor dividir os quartos da seguinte maneira:

A Isa, Agatha e os meninos menores em um quarto .

Eu,Marques e os meninos maiores em outro quarto.

Depois de instalados fomos comer alguma coisa ,porque já era umas 20 h e não tínhamos jantado ainda.

Então Luiz nos levou para comer no Carls Jr que é uma lanchonete estilo Mac Dolnalds, mas digamos bem melhor. Pronto... ali a criançada estava no paraíso,lanches enormes e refrigerantes a vontade e ainda com muitos sabores diferentes dos que eles estavam acostumados no Japão .

Comemos e ali mesmo nos despedimos do Luiz que combinou de na manhã seguinte chegar bem cedo e nos acompanhar até a Universal Studios.

Voltamos para o hotel e aí sim fomos arrumar nossas bagagens e realmente nos instalar.

Tomamos banho e ficamos ali conversando sobre tudo de novo e diferente que vimos até agora.

Provavelmente por causa do fuso horário já era de madrugada e nada de ninguém conseguir dormir.

Então o Marques teve a idéia de irmos ate a loja de conveniência que tinha na esquina do hotel.

Fomos a pé pois alem de perto estava um clima bem agradável,principalmente para quem estava vindo de um inverno no Japão.

A idéia inicial era para irmos e comprar um café,mas chegando lá não sabíamos como era o esquema da venda de café e ficamos ali rondando dentro da loja e vendo os produtos diferentes.

Ao mesmo tempo que ficávamos cuidando pra ver se alguém comprava um café e nós víamos como a pessoa fazia para assim nós copiarmos.

Como já era de madrugada o movimento era bem fraco e eu já tinha até desistido de tomar meu café.

Os meninos viram umas latonas de energético Monster e já compraram.

Só o Marques mesmo que esperou até alguém comprar o café e ele foi atrás fazendo tudo que a pessoa tinha feito.

Voltamos para o hotel e tentamos dormir,mas foi difícil ainda mais depois de um café e os meninos tomarem o energético. .

Capitulo 15 (Dia de sonhos)

Amanheceu e cedinho toca a campainha do quarto,era o Luiz.
Todos acordam se arrumam e vamos tomar café da manhã do hotel , inclusive o Luiz.
Era um café da manhã farto e totalmente diferente do que estávamos acostumados a comer no Japão.
Waffles ,tortilhas no café da manhã eram coisas novas pra gente.
Comemos meio que com um pouco de pressa para podermos aproveitar bem o dia e já saímos.
O Luiz sugeriu que no caminho para Universal passássemos na placa de Hollywood pra tirar fotos.
Desta vez foi o Marques e o Luan no carro do Luiz e eu fui dirigindo a Wagon .
Fui seguindo o carro do Luiz , que foi subindo uma montanha que era um bairro nobre com casas muito bonitas.
Chegamos ao melhor ponto permitido para tirar fotos do letreiro e estava vazio,tinha apenas um carro parado e umas três pessoas tirando fotos.
Era uma vista muito bonita quando você olhava para montanha acima avistava a placa de Hollywood e montanha abaixo o reservatório de água que abastece Los Angeles.

Dali, corremos logo para a Universal Studios onde também chegamos cedo,bem na hora em que estava abrindo.
Todos se divertiram bastante mas tinha algo que estava me preocupando.
Sakuya é o tipo de criança que na verdade é diferente das outras crianças, seu pai é bombeiro e digamos bem rígido com o estilo de vida do filho. Sakuya já toma suplemento come pouco doce e tem uma alimentação saudável.
Eu sabendo disso antes de sair da minha casa eu fiz uma série de perguntas para os pais.
Ele tem alergia de alguma coisa?
Toma algum remédio? E pode deixar ele comer o que ele quiser?
A respostas foram todas positivas , não tem alergia a nada e pode deixar ele comer o que quiser, sim!

Mas eu havia notado que desde que ele não estava mais na presença dos pais ele não bebeu mais água, era só refrigerante e chocolate.

Notei que a pele dele já estava bem ressecada e deduzi que era falta de água . Então na Universal mesmo eu o proibi de tomar refrigerantes e também diminui bastante o consumo de doces (ele deve ter me odiado por isso) * Me odiou mais quando eu contei pro pai dele quando voltamos.

Lá pelas 15 h já estávamos todos bem cansados e também com fome então resolvemos comer algo e ir embora.

Mas como as opções lá dentro eram limitadas saímos para comer em um calçadão bem na frente do parque mesmo.(não que fosse ilimitada,mas tinha muito mais opções)

Cada um comeu algo diferente, um pegou pizza, outro comida chinesa mas todos comeram bem.

Então o Luiz falou ,já que estamos indo pro hotel vamos passar e parar na calçada da fama que é caminho? Então fomos ...
Dirigimos uns 20 minutos ate chegar lá ,deixamos os carros em um estacionamento o fomos a pé conhecer a tal da Calçada da Fama.

Novamente ali ,nos separamos porque o Luiz precisaria ir trabalhar, então fomos embora todos em um carro só.
Chegamos já a noite no hotel e resolvemos passar no mercado comprar algo para comer,em vez de comer fora.
Um dos lugares que foi unânimes no gosto da galera foi o supermercado,todos gostaram muito por causa dos produtos diferente do que estávamos acostumados.

Nós compramos uns pratos prontos de macarrão e salada enquanto o Marques e os meninos foram de sanduíche.

Depois que comemos os meninos correram para poder entrar na piscina do hotel já que até o momento ainda não tínhamos aproveitado nada da área de lazer do hotel.

A piscina era aberta até as 21:00 já era quase esse o horário e estava um clima gostoso ainda mais comparado ao inverno que estávamos passando no Japão.

Quando deu o horário de fechamento da piscina fomos para os quartos e aí sim todos dormimos feito pedras.

Capitulo 16 (treinão)

Nosso segundo dia na América começou cedo novamente,acordamos e novamente tomamos aquele café da manhã reforçado,apesar de ser exatamente igual do dia anterior.

Então partimos rumo a Carlson onde é localizada a academia do Marcelo Cavalcanti. O Professor Marcelo eu conheci pelo facebook em uma pesquisa que eu havia feito sobre academias da região.Dentre as academias, eu entrei em contato com o Professor Marcelo por achar que ele tinha cara de bonzinho e se parecia com o Didi (Renato Aragão).

Do hotel fomos primeiro no mercado,onde a molecada adorou por ter vários tipos,marcas e sabores de bebidas isotônicas .

Depois fomos até o hotel de um outro conhecido da internet,Marcelo Valdevino e João Marrentinho .

Eram pai e filho moradores de Maringá,Marcelo era pastor e Marrentinho era um atleta faixa laranja de jiu-jitsu.

Eles já haviam vindo ano passado quando Marrentinho ficou em segundo colocado no Pan kids.

Chegamos no hotel deles lá estavam mais uma turminha formada por pais e atletas vindo do Rio de Janeiro.

A academia do Professor Marcelo era na mesma rua do Hotel que eles estavam hospedados.

Dali foi bem rapidinho até a academia.

Chegamos e paramos os carros e ficamos ali conversando e nos conhecendo melhor.

Tive a oportunidade de conversar com Marcelo que por um longo tempo nós já conversávamos, mas tudo online .

Também conheci e fizemos uma boa amizade com Luiz Antonio que também trouxe seus filhos do Rio para lutarem.

Já passara 1 hora que estávamos no estacionamento a espera do professor Marcelo e nada,eu já estava pensando que ele tinha furado conosco e estava meio sem jeito na frente daquele povo todo esperando.

Então falei com o Marcelo e voltamos até o Hotel deles porque lá tinha Wifii gratuita então poderia entrar em contato com professor Marcelo.

Chegamos e eu mandei mensagem mas nada dele responder...]

Esperamos alguns minutos lá e já estávamos indo buscar o pessoal no estacionamento da academia e dizer que não ia ter treino quando finalmente chega mensagem do professor.

Dizia que o treino era as 11 e não as 10 e que estava um pouco atrasado mas que já estava a caminho.

Nossa que alívio!Voltamos para onde estava o grupo e logo em seguida o professor chegou.

Outra coisa que eu estava um pouco sem jeito era que eu tinha combinado que levaria nossos meninos para o treino,eu não sabia que nosso grupo ia crescer tanto aquele dia e também não havia falado nada sobre isso com o professor Marcelo.

Entramos e todos logo se trocaram e fizemos a formação. Ali o professor falou algumas palavras e começou o treino,a principio eu achava que seria um simples open-mat (treino aberto só com combates leves) mas não o professor deu uma aula completa.
No final do treino ele contou um pouco da sua historia e sua trajetória nos Estados Unidos, mesmo eu conversando varias vezes on line com ele eu não conhecia muito do que o professor falou aquele dia.

Foi um treino ótimo as crianças do Brasil também eram fortíssimas na maioria dos que vieram eram campeões brasileiros ,realmente um nível muito bom.

Capitulo 17 (Resto do dia relaxando)

Após o término do treino voltamos rapidinho para o hotel tomar banho e rumar para Norwalk onde fica a casa do Luiz, que havia nos convidado para almoçar na sua casa.
Chegamos na casa do Luiz já passado das 13:00 e ele já estava preparando o almoço que era um churrasco ¨a la mexicano.¨
O Luiz armou a rede nas arvores no quintal da casa dele. Enquanto terminávamos o almoço as crianças se divertiam na rede,algo que também era algo novo para eles.
Foi um momento em que todos pudemos realmente dar uma desacelerada do rítmo dos últimos dias.

Comemos um churrasco delicioso com sabor de hospitalidade e amizade.

Decidimos ir para hotel para descansar e se concentrar para o grande dia que seria amanhã.

Por sugestão do Luiz que disse que já que era caminho para o hotel,seria legal nós passarmos no Cittadel um outlet center .

Chegamos já com o cair da noite e um clima agradável como todos os outros dias que estávamos na Califórnia.

La tinham varias lojas com preços promocionais e a turminha ficou enlouquecida com tudo aquilo.

Visitamos praticamente todas as lojas de marcas esportivas,mas a que mais gostamos foi a loja DC.

Ali estava uma promoção que era assim: na compra de um par de tênis o segundo par de tênis ficava com 50% de desconto.

Como ,mesmo sem desconto os tênis já estavam bem mais baratos que no Japão ,todos resolveram comprar e na hora de pagar, pagaríamos juntos para que mesmo cada um levando apenas um par de tênis, todos ganhariam os descontos.

Depois de muito olha,experimenta,troca olha o do amigo e procura um igual ,cada um já estava praticamente com seu par de tênis escolhido.

Apenas o Sakuya que havia escolhido um tênis com pelo menos uns 3 ou 4 números maior que o pé dele,pergunte se ele estava levando para o pai de presente? Ele falou que não e que era pra ele mesmo e que a mãe dele sempre comprava grande pra ele mesmo e que assim que ele gostava.Bom sendo assim, ok!

Voltamos para o hotel e enquanto todos tomavam banho e se preparavam para dormir eu conversei com o Marques e convenci ele a ir comigo até o local onde seria o Pan kids,para já saber o caminho certinho e não ter perigo de não achar no dia seguinte.Eu tinha medo de algo der errado e por algum motivo nós não chegar a tempo e como dizem popularmente?morrer na praia.

Pegamos o carro fomos não demorou nem 10 minutos pra chegar,daria até para ir a pé se fosse preciso.

Entramos no estacionamento que no momento estava vazio e paramos o carro bem na frente da entrada principal do ginásio.

Eu já havia visto aquele estádio em forma de pirâmide por fotos na internet,mas não tinha noção do tamanho do prédio .

Não sei se era porque eu estava com minhas emoções a flor-da-pele mas aquela pirâmide para mim parecia enorme,era uma sensação de que eu estava em um lugar de outro mundo.
Desci do carro e caminhei até as escadas da entrada,era um silencio que apesar de estarmos eu e o Marques eu me sentia como se em quilômetros eu estivesse só. Eu podia escutar meu coração (ou achava que escutava por ele estar tão acelerado)a sensação era que estava tudo em câmera lenta a respiração a lágrima que escorria,eu podia escutar minha própria voz falando em minha cabeça: É verdade Will nós conseguimos! Agora você pode acreditar,é real mesmo!

Capitulo 18 (O Grande dia)

Acordamos cedo e novamente fomos para o nosso café reforçado do hotel,mas esse ponto já estávamos enjoados,porque apesar de farto ainda era as mesmas comidas desde o primeiro dia.
O Luiz chegou e também tomou café conosco e juntos fomos para o ginásio.
Fomos um dos primeiros a chegar e na entrada ficavam os staffs, conferindo o nome dos atletas e também seus acompanhantes já que cada inscrito poderia entrar com um acompanhante sem pagar.
Depois de todos conferidos e já entrando no ginásio perguntei a um dos staffs (em português já que a maioria eram brasileiros) sobre a Rebecca que era a pessoa que eu tinha contato na federação e que havia nos ajudado com a luta exibição.(a moça simpática e atenciosa que respondia nossos e-mails)
Quando me apresentei a ela,com um sorriso ela respondeu:Vocês conseguiram! Que bom que vocês vieram!
Então apresentei o Kenzo e o Kenzo entregou uma lembrança que tínhamos levado para ela .(uma caneca personalizada da Autismo+jiu-jítsu=Potencial)
Então ela nos falou que o Kenzo não tinha adversário na categoria dele, mesmo depois de subirmos ele de categoria como aconselhado pela federação.
Então ele seria declarado campeão da categoria.
Confesso que fiquei um pouco decepcionado.
Mas a Rebecca falou que poderia casar uma luta para ele, e que nós não iríamos embora sem o mundo ver uma luta do Super-Kenzo no Pan kids.

Outra coisa que eu tinha notado era que todo o nervosismo do dia anterior já não existia dentro de mim.

O primeiro a lutar era Sakuya e eu conseguia sentir que ele estava um pouco nervoso,talvez porque o professor dele (Magrão) não estar ali ou por se dar conta do tamanho daquele campeonato.

Enquanto ele ficava encostado na grade de contenção das áreas de luta o kenzo fazia passagem em suas costas num espírito de equipe muito bonito.

Ambos estavam concentrados e focados nas lutas que iriam fazer.

Então chegou a hora do Sakuya entrar na área de luta (era diferente dos campeonatos do Japão, ali você tinha que conferir o numero da sua luta e se apresentar na área designada)

Fomos então eu e o Sakuya para que ele fizesse a checagem do kimono e do peso.

Depois de tudo ok , já entramos para área de luta.

A primeira luta era com um atleta da Yamazaki da família do arbitro do UFC Mario Yamazaki,quem estava de córner era o irmão mais velho do Mario.

Enquanto eu gritava as instruções para Sakuya em japonês as pessoas ao redor tentavam decifrar qual idiomas nós falávamos e da onde éramos.

Sakuya ganhou a primeira luta por finalização e avançou para semi-final.

Depois de alguns minutos já foi chamado para próxima luta e lá fomos nós novamente,ele ainda nervoso tanto que antes da luta o arbitro confirma o nome dos atletas antes de começar a luta e ele não sabia responder que ele era o Sakuya ,ficava olhando par o arbitro sem falar nada e o arbitro repetindo Sakuya? Eu lá de fora gritei: É ele sim!!!

Então só assim o árbitro autorizou o início da luta.

Agora com um cabeludinho estilo surfista que na verdade eu não lembro qual equipe ele era.

Novamente,o Sakuya ganhou por finalização e avançou para final.

Eu comemorava muito e me tomava antes de tudo um sentimento de alívio enorme.

Porque pelas redes sociais já tínhamos sido criticados (mesmo que não diretamente) por ter levado as crianças se divertir e passear antes do campeonato,na versão deles nós tiraríamos o foco dos meninos.Mas graças a Deus com o Sakuya na final provava minha tese de que, toda a preparação tinha sido feita durante o ano nos treinos e que esses dias anteriores não iriam interferir o resultado.E pelo contrário esses momentos de lazer os ajudaria, tanto para ambienta-los como também aliviar um pouco o emocional deles. Então fomos para a final e já confiantes.

Quando vi o adversário fiquei tranqüilo porque até agora era menor que os anteriores,era um garotinho meio gordinho ,creio que mexicano,representando a equipe da Checkmat Team.

E como dizem ...nunca julgue o livro pela capa.

Aquele realmente era o mais forte dos oponentes.

A luta começou bem equilibrada e infelizmente Sakuya não conseguia impor o seu estilo de jogo e em um descuido o garoto conseguiu ir para a costas , ganhando 4 pontos,e ali ficou até o final da luta,por mais que o Sakuya tentasse e se esforsasse até o final ele não consegui sair daquela posição.E pra mim era dolorido ver a carinha de esforço do Sakuya aos poucos se transformar em choro.Mas assim que acabou a luta e ele saiu, eu o abracei e falei que ele não tinha que chorar porque ele tinha feito algo incrível e que eu estava orgulhoso.

Capitulo 19 (A luta)

Logo após a final do Sakuya fomos receber as medalhas.
Aí fui ver como seria a luta do Kenzo.
Chegamos na área 6 que onde tinham nos indicados já estava lá
o oponente do Kenzo.
Era um garoto com o mesmo porte físico do Kenzo mas talvez
fosse de idade diferente por isso não era da mesma categoria
porque a faixa era a mesma (cinza).
Esperamos acabar as lutas que antecediam a do kenzo e neste
meio tempo eu dava as últimas instruções.
Mantenha calma,use o shinkansen,lute com raça! Mas acima de
tudo independente do resultado eu te amo! E Você é meu
campeão!
Então chegou a hora,armei a câmera para gravar a luta e
fizemos o famoso ¨liga o super¨.
O kenzo entrou para a luta e novamente o silêncio na minha
cabeça eu não ouvia mais os gritos daquela multidão que estava
naquele ginásio lotado.
Ao mesmo tempo em que eu dava as instruções pra ele eu
tentava tirar fotos.
A luta começou com ambos tentando derrubar o adversário
com golpe estilo judô e eu preocupado porque o kenzo já havia
saído do nosso plano de luta.
Mas depois de varias tentativas de ambos os lados o kenzo
conseguiu derrubar e ganhar os 2 pontos da queda.
Caiu por cima,onde realmente é o ponto forte do kenzo,mas a
guarda ainda não estava passada.
Enquanto kenzo tentava passar,o adversário se defendia como
dava mas apenas tentando se defender em momento algum
consegui espaço para atacar.

Então com um pouco de dificuldade,o Kenzo passou a guarda e ganhou mais 3 pontos e já foi logo para o joelho na barriga,mas na hora em que o juiz levantava o braço para dar os pontos ele tirou e ganhou apenas 1 vantagem.
Nesse momento já estava 5X0 para o Kenzo então ele fez a montada mais 4 pontos.
Dali ele atacou americana e o adversário foi se defendendo se encolhendo, mas o kenzo mantinha a montada e começou a armar um ataque de estrangulamento.
Quando finalmente consegui entrar as duas mãos na lapela do adversário o tempo acabou.
Mesmo não conseguindo finalizar o kenzo ganhou a luta por 9X0 .
Vendo o árbitro levantar o braço do kenzo e ao mesmo tempo em que ele de olhos fechados fazia o ¨X¨ eu estava anestesiado.
(Daria meu reino para saber o que passava na cabeça dele neste instante.)

Eu podia dizer que naquela hora eu lembrei dos momentos difíceis ou das incertezas que já havia sentido até chegar ali. Podia também dizer que lembrei de todas as pessoas que nos ajudaram com a viagem.

Ou das pessoas que de alguma maneira, nos subestimaram . Mas se dissesse isso eu estaria mentindo.

Porque naquele momento minha cabeça era apenas a felicidade de ver meu filho em uma realização pessoal.

Pra mim, nada mais importava a não ser contemplar o orgulho que ele estava sentindo de si próprio.

Depois de algum tempo eu consegui entender que aquele momento e aquela sensação era exatamente o que queríamos provar desde o inicio da nossa jornada.

Que precisávamos mostrar que eles (portadores de autismo) antes de nos fazer sentir orgulhosos , podem sentir orgulhosos de si mesmos e que eles tem um potencial enorme,independente da área que escolherem.

Depois da luta ,o Kenzo subiu no pódio com a bandeira que preparamos para esse dia e oficialmente se tornou o primeiro campeão Pan-americano portador de autismo.

Eu não sei porque, mas eu não chorei neste momento. Acho que já tinha secado o meu compartimento de lágrimas

Assistimos mais algumas lutas e torcemos para os amigos que foram conosco,alem dos novos amigos que fizemos nesta viagem inesquecível.

Depois do nosso retorno ao Japão nossa jornada continuou com as mesmas rotinas de treino e campeonatos.

Mas essa é uma história que ainda estamos escrevendo e quem sabe em uma outra oportunidade possamos estar dividindo com vocês.

Hoje ao finalizar esse meu depoimento em forma de livro (ou conversa) desta grande aventura que tive o prazer e privilegio de estar envolvido e presente,me veio a cabeça o meu querido amigo Magrão que uma vez me falou: ¨Conte sua história mas não exponha sua vida.¨

Tive a certeza que seria impossível contar nossa história sem expor nossas vidas,mas espero que as pessoas vejam de forma positiva tudo que aqui lhes contei,garanto que tudo é verdadeiro ,mas que também possam existir outros pontos de vista (da mesma história) já que relatei apenas o modo que vi tudo acontecer.

Hoje tenho consciência que tenho aprendido muito mais que ensinado meu filho.

Hoje continuo vivendo para meu filho,apoiando,incentivando e amando .

E a história ainda continua, fiquem com Deus.

Made in the USA
Middletown, DE
12 October 2021